All new 개정판

Bunka 文化 日本語 3

시사일본어사

머리말

『All new 개정판 文化日本語❶·❷·❸·❹』는 처음으로 일본어를 배우는 사람들을 위한 교재로, 1987년(한국판 1998년)에 출판된 『문화일본어1·2』 그 개정판『SHIN Bunka Japanese 1·2』『New Bunka NIHONGO 입문회화1·2 / 초급회화1·2』의 특장점을 살리면서 보다 효과적이고 재미있게 일본어를 학습할 수 있도록 작성했습니다.

이 교재가 목표로 하고 있는 것은 학습자가 일상 생활 속에서 자신이 말하고 싶은 것을 상대에게 전하거나 상대가 전하려는 것을 이해하는 힘을 키우는 것입니다. 작성에 앞서 초급 학습자에게 있어 필요한 일본어는 무엇인지를 염두에 두고, 학습항목을 다시 선정하고 그 제출순서를 재검토했습니다. 또한, 학습한 일본어를 실제 생활 속에서 사용할 수 있게 되는 것을 목표로 하여, 본문, 문형의 예문, 연습을 작성했습니다. 더욱이 본문에 대해서는 일본어를 배우는 유학생이 교실에서 일본 사회로 활동 범위를 넓혀간다는 스토리 전개 속에서 일본에서 생활하는데 있어서 필요한 지식도 즐겁게 배울 수 있도록 고안했습니다.

본 책의 출판에 있어서 학교 내외에서 많은 분들로부터 도움을 받았습니다. 특히 시험판을 사용해 주신 선생님 및 학생 여러분에게 이 자리를 빌어서 깊이 감사 드립니다. 앞으로 많은 분들이 이 교재를 사용해 주시고 의견을 주시면 감사하겠습니다.

2013년 8월

国頭美紀
白岩麻奈
八田浩野
平川奈津子
広田周子

이 교재에 대해서

1. 대상자와 목표

이 교재는 장래 일본 대학이나 전문학교 등에 진학을 희망하고 처음 일본어를 배우는 학습자를 대상으로 하여 만들었습니다. 진학을 희망하는 학습자의 경우, 초급 일본어학습에서는 장래에 고등교육을 받을 때에 필요한 응용력을 쌓기 위한 기초실력을 쌓는 것이 요구됩니다. 그렇기 때문에 작성에 있어서 문법을 정확하게 이해하는 힘, 상대가 말하려는 것을 이해하는 힘, 자신이 말하고 싶은 것을 적극적으로 표현하는 힘을 익히는 것을 목표로 하고 있습니다.

2. 특징

이 교재는 매개어를 사용하지 않기 때문에 새롭게 학습하는 문형이 쓰이는 장면이나 상황의 이해에 도움이 되도록 일러스트를 많이 게재했습니다.

각 과의 본문에서는 학습자가 일본에서 생활하는 가운데 조우할 수 있는 장면을 골라서, 학습자에게 친밀한 내용으로 스토리를 구성했습니다. 각 문형을 이해하기 위한 예문은 실제 발화로 이어지도록 자연스러운 회화나 문장을 제시했습니다. 또한, 연습은 문형의 정착을 목표로 한 대입연습에 추가하여 학습자가 자신의 이야기를 하는 연습도 담았습니다.

3. 구성

각 과는 本文(ほんぶん) 文型(ぶんけい) 練習(れんしゅう) 言葉(ことば)로 구성되어있습니다.

· **本文(ほんぶん)**

본문은 학습자와 관련된 장면을 골라 그 안에서 문형을 제시한 것입니다. 주로 회화문이지만 작문이나 일기 등도 있습니다. 본문의 취급방법은 과에 따라 다르지만 모델회화나 모델작문으로 다루는 것을 의도한 것이나 이해중심의 것도 있습니다.

· **文型(ぶんけい)**

그 과에서 학습한 신출문형을 제시하여 실제 회화로 이어지도록 예문을 든 것입니다. 새로운 활용 등은 필요에 따라 활용표나 표로 나타내고 있습니다.

· **練習(れんしゅう)**

문형의 의미나 사용법 확인으로서 대입연습과 그 응용으로서 「☆友達と話しましょう」, 더욱이 「友達と話そう」（『All new 개정판 文化日本語❸·❹』）가 있습니다. 학습자가 문형의 의미를 충분히 이해하고, 자신의 표현으로 정착시키는 것, 또한 클래스 메이트의 이야기를 흥미를 갖고 듣고 서로 이해하는 것도 목표로 하고 있습니다.

· チャレンジ! 는 본문이나 문형과 관련된 발전성 있는 활동으로 운용력을 높이는 것을 목표로 하고 있습니다.

· 그 외

제 11, 12, 16, 19과에는 그 과의 테마와 관련 있는 어휘를 모아놓은 ことば 페이지가 있습니다. 필요에 따라 학습자에게 소개해 주세요.

제 21, 24, 28과에는 이미 배운 문형을 정리하여 다른 점을 확인할 수 있도록 参考(さんこう) 페이지를 만들었습니다.

4. 그 외

· 50음 색인

각 과의 신출어의 일람입니다. 50음순으로 정리하여 처음 나온 과를 적었습니다.

· 한자

기본적으로 상용한자를 사용하고 있습니다. 히라가나가 사용되는 경우가 많은 어구에 관해서는 히라가나로 표기하였습니다. 또한, 학습자의 부담을 덜기 위해 한자에 후리가나를 달았습니다.

· 부속 CD

부속 CD로 본문의 음성을 들을 수 있습니다(제 1과 本文 I 제외). CD플레이어, 컴퓨터, 디지털 오디오기기 등에서 재생 가능합니다. MP3 형식의 사용법에 대해서는 http://book.japansisa.com/faq_1.asp 를 참고해 주세요.

· 관련 출판물

『All new 개정판 文化日本語 WORK BOOK ❶·❷』

50음 색인 보는 법(p.122)

이 색인은『All new 개정판 文化日本語❸』의 각 과에서 신출어로서 다루어진 어구를 50음순으로 나열한 것입니다.

표제어	한자표기 등	품사	처음 나온 과
アイスクリーム			生
あいだ[場所(ばしょ)]	間		15
あいだ[時間(じかん)]	間		19
あおもりけん	青森県	特名	32
いらっしゃる[行(い)く]		動1	8
いらっしゃる[いる]		動1	11
いる		動2	5
(お)かし	(お)菓子		5
かんたん	簡単	な形	12
ゲーム(を)する		動3	9
すずき　いちろう	鈴木一郎	特名	25
すずしい	涼しい	い形	22
(けがを)する		動3	19
(イヤリングを)する		動3	19
(食(た)べ)にくい		い形	14
(生活(せいかつ))について			13

① [ ]
같은 어형의 말과 의미가 다른 것을 나타낸다.

② (お)
미화어「お／ご」를 나타낸다.

③ ( )
표제어와 결합되어 쓰이는 말을 제시한다. 또한 표제어만으로는 의미를 알기 어려운 말을 나타내기 위해 기재했다.

④ 품사의 약칭
- 動1　1그룹 동사
- 動2　2그룹 동사
- 動3　3그룹 동사
- い形　い형용사
- な形　な형용사
- 特名　특별한 명사
- 공란　그 외, 명사나 부사 등

⑤ 처음 나온 과
- 生　生活の言葉
- 1　第1課

목차

『All new 개정판 文化日本語』 시리즈

1

教室の言葉

生活の言葉

- 第1課 私はワン・シューミンです。
- 第2課 吉田さんの一日、佐藤さんの一日
- 第3課 これは誰のノートですか。
- 第4課 私のかばんはあの黒いのです。
- 第5課 冷蔵庫の中にジュースがあります。
- 第6課 どんな映画が好きですか。
- 第7課 財布を落としました。
- 第8課 天気はどうでしたか。
- 第9課 説明をよく聞いてください。

2

- 第10課 団体旅行
- 第11課 自己紹介
- 第12課 簡単！ 日本料理クラス
- 第13課 インタビュー調査
- 第14課 サラさんの日記
- 第15課 どちらのほうが近いですか。
- 第16課 病院
- 第17課 アルバイト
- 第18課 ドライブに行きませんか。

주요 등장인물

日本語学校の留学生

ラフル・チャダ

（インド）

＊チンと同じ学生会館

チン・コウリョウ

（台湾）

＊ラフルと同じ学生会館

マリー・マルタン

（カナダ）

ワン・シューミン

（シンガポール）

リー・ミン

（中国）

キム・ヨンス

（韓国）

アルン・アマラポーン

（タイの留学生）

＊ワンの友達

萩原先生

西田先生

＊日本語学校の先生

佐藤 武
(会社員)

吉田 良子
(大学生)

原 京子
(音楽大学の学生)
＊吉田良子の友達
＊ワンと同じ学生会館

鈴木 一郎
(会社員)

鈴木 幸子
(会社員)

鈴木 健志
＊一郎と幸子の子供

鈴木 伸
＊一郎と幸子の子供

第(だい)19課(か)

迷子(まいご)

本文(ほんぶん)

1　子供(こども)がいなくなってしまったんです。　CD- 02~

（デパートで）

店員(てんいん)A：こちらはいかがですか。
鈴木幸子(すずきさちこ)：いいですね。
店員(てんいん)A：試着(しちゃく)なさいますか。
鈴木(すずき)：そうですね。はいてみます。
伸(しん)ちゃん、お母(かあ)さんが試着(しちゃく)している間(あいだ)、
ここで待(ま)っていてね。
鈴木伸(すずきしん)：うん。

＊

店員(てんいん)A：お客様(きゃくさま)、いかがですか。
鈴木(すずき)：いいですね。これにします。
でも、少(すこ)し短(みじか)くしてください。
店員(てんいん)A：はい。

＊

店員(てんいん)A：お疲(つか)れさまでした。
鈴木(すずき)：いいえ。伸(しん)ちゃん、お待(ま)たせ。どこにいるの？　伸(しん)ちゃん。
あ、あの、うちの子供(こども)を見(み)ませんでしたか。

店員(てんいん)A：えっ？
鈴木(すずき)：私(わたし)が試着(しちゃく)している間(あいだ)に、
いなくなってしまったんです。
店員(てんいん)A：大変(たいへん)ですね。捜(さが)しましょう。

文型

1　（このジーパンを）はいてみます。

1）　客：この靴、はいてみてもいいですか。

店員：ええ、どうぞ。

2）A：母はうちで生け花を教えているんです。

B：生け花ですか。いいですね。私も今度やってみたいです。

3）チン：それは何ですか。

武：いなりずしです。おいしいですよ。食べてみてください。

チン：ありがとうございます。いただきます。

練習a　絵を見て例のように言いましょう。

文型 1

例）　客：このスカート、

はいてみてもいいですか。

店員：ええ、どうぞ。

スカート／はく

1．ギター／弾く

2．自転車／乗る

3．ジーパン／はく

4．ペン／書(か)く

文型(ぶんけい)

2　少(すこ)し短(みじか)くしてください。

い形容詞(けいようし)　大(おお)きい　→　大(おお)きくする

な形容詞(けいようし)　きれい　→　きれいにする

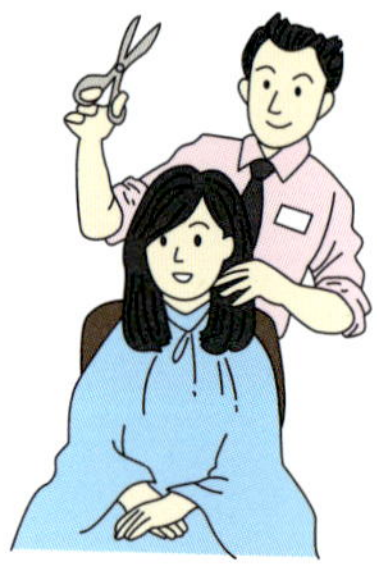

1）A：前髪(まえがみ)を短(みじか)くしてください。

　　B：はい、わかりました。どのぐらい切(き)りますか。

　　A：そうですね。5センチぐらい切(き)ってください。

2）A：ちょっと寒(さむ)いですね。

　　B：そうですね。エアコンを弱(よわ)くしましょう。

3）A：すみません、

　　　テーブルの上(うえ)をきれいにしてください。

　　B：はい。

※　東京(とうきょう)では、7月(しちがつ)ごろから気温(きおん)が高(たか)くなります。(第(だい)１２課文型(かぶんけい)４)

※　前(まえ)はさしみが嫌(きら)いでしたが、好(す)きになりました。(第(だい)１２課文型(かぶんけい)４)

文型

3　子供がいなくなってしまいました。

1）（学生会館で）

ワン：先生、あの…。

先生：あ、ワンさん、どうしたんですか。

ワン：部屋のかぎをなくしてしまったんです。

2）A：何を捜しているんですか。

B：消しゴムです。

今、落としてしまったんです。

3）店員：すみません。

お皿を割ってしまいました。

店長：だいじょうぶですか。

けがをしませんでしたか。

4）昨日は財布を忘れてしまったので、

友達にお金を借りました。

練習b　絵を見て例のように言いましょう。

例）A：どうしたんですか。

　　B：宿題を忘れてしまったんです。

宿題を忘れる

1．定期券を落とす

2．服を汚す

3．ねぼうする

文型

4 私が試着している間、ここで待っていてください。

私が試着している間に、いなくなってしまったんです。

1）電車に乗っている間、ずっと音楽を聞いていました。
2）友達が先生と話している間、私は研究室の外で待っていました。
3）夏休みの間、ずっと日本でアルバイトをします。

4）買い物をしている間に、財布を落としてしまいました。
5）弟がゲームをしている間に、僕は弟のケーキを食べました。
6）夏休みの間に、北海道へ行きます。

練習c　例のように言いましょう。

文型 3・4

例）手袋を落とす／黒い手袋／買い物をする

店員：どうかなさいましたか。
客：あ、あの、手袋を落としてしまったんです。
この辺に黒い手袋がありませんでしたか。
店員：黒い手袋ですか。
客：ええ。買い物をしている間に、落としてしまったんです。

1. 財布をなくす／青い財布／買い物をする
2. ピアスを落とす／赤いピアス／試着する

本文

2 どんな服を着ていますか。

CD- 05~

店員A：見つかりましたか。

鈴木：いいえ。

店員A：じゃ、放送してみましょう。

鈴木：すみません。お願いします。

店員A：お子さんのお名前は？

鈴木：鈴木伸です。

店員A：どんな服を着ていますか。

鈴木：ええと、赤いＴシャツを着て、紺の半ズボンをはいて、
黄色い帽子をかぶっています。

店員A：靴は？

鈴木：白い靴をはいています。

店員A：わかりました。少々お待ちください。

放送：お客様にお願いいたします。鈴木伸ちゃんという３歳の男のお子さんが迷子になりました。赤いＴシャツを着て、紺の半ズボンをはいて、黄色い帽子をかぶっている３歳ぐらいの男のお子さんをお見かけのお客様、恐れ入りますが、最寄りの売場までご連絡ください。

服装（ふくそう）の言葉（ことば）

ことば

かぶる　帽子（ぼうし）

かける　めがね

着（き）る　上着（うわぎ）　セーター　シャツ　Tシャツ　ブラウス
スーツ　ワンピース　着物（きもの）

はく　スカート　ジーパン（ジーンズ）　ズボン（パンツ）
靴下（くつした）　靴（くつ）

する　イヤリング　ピアス　ネックレス　ネクタイ　ベルト
時計（とけい）　指輪（ゆびわ）　コンタクトレンズ（コンタクト）

文型 5　赤いTシャツを着ています。

1）（駅で）

鈴木：マリーさんはどこでしょうか？

吉田：あ、あそこです。白い帽子をかぶっていますよ。

鈴木：ああ、わかりました。マリーさん！

2）リー：あれ？　ワンさん、

今日はめがねをかけていませんね。

ワン：ええ。今日はコンタクトレンズを

しているんです。

3）A：どの人が吉田さんですか。

B：白いワンピースを着て、ネックレスをしている人です。

練習d　絵を見て例のように言いましょう。

文型 5

例）吉田さんはワンピースを着て、ネックレスをしています。

吉田さん

伸ちゃん

原さん

本田さん

佐藤さん

山田さん

練習e　絵を見て例のように言いましょう。

文型 5

例）A：着物を着ている人は誰ですか。

　　B：木村さんです。

本文

3　まっすぐ行くと、エスカレーターがあります。 CD-08~

店員A：はい、婦人服売場です。

店員B：もしもし、帽子売場の古谷ですが、
迷子のお子さんをこちらで預かっています。
鈴木伸ちゃんです。
迎えに来てください。

店員A：はい、わかりました。どうも。
お客様、見つかったそうです。

鈴木：本当ですか。ああ、よかった。

店員A：帽子売場へ迎えにいらっしゃってください。

鈴木：あのう、帽子売場はどこですか。

店員A：ここをまっすぐ行くと、エスカレーターがございます。
エスカレーターの所を右に曲がってまっすぐ行くと、
左側に帽子売場がございます。

鈴木：本当にどうもありがとうございました。

文型

6　ここをまっすぐ行くと、エスカレーターがございます。

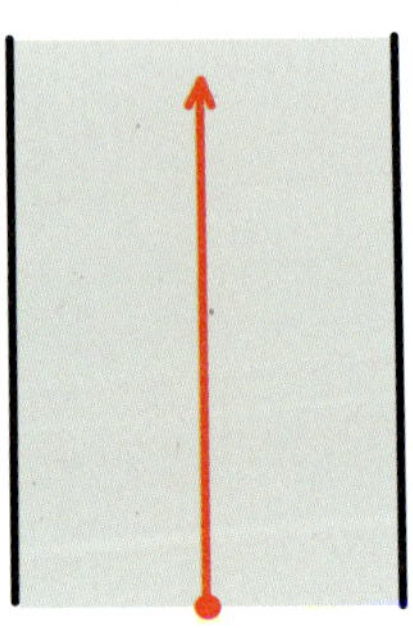

まっすぐ行く

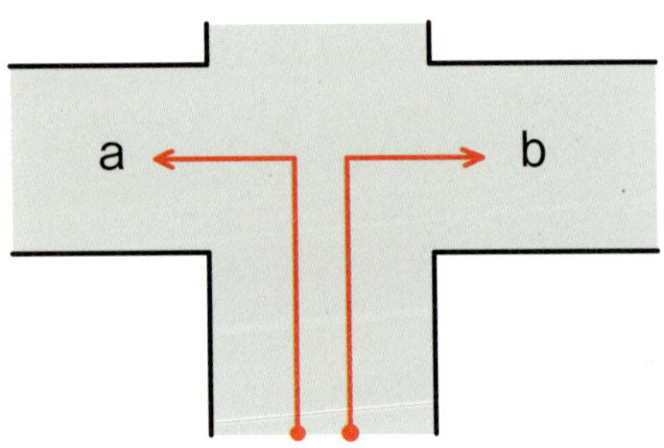

左に曲がる　右に曲がる
a　b

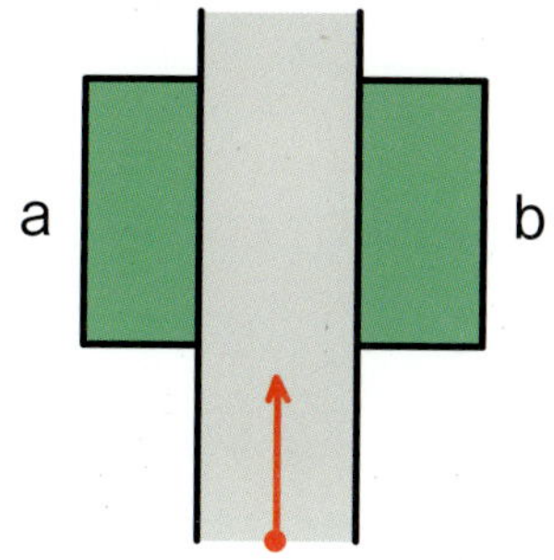

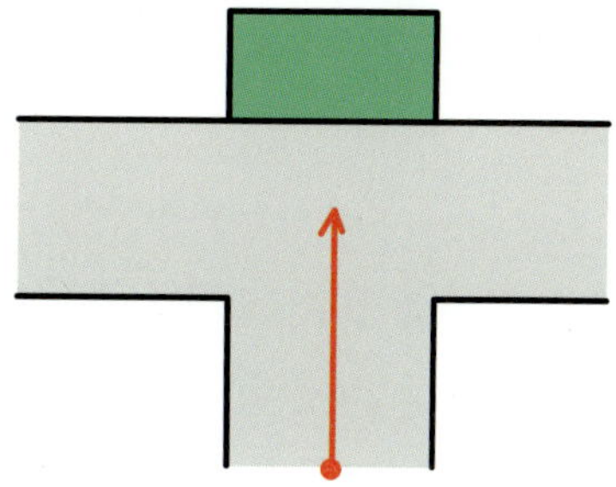

左側にある　右側にある

a　　　　b

突き当たりにある

1）A：すみません、この辺に銀行はありますか。

B：はい、ここをまっすぐ行くと、左側にあります。

A：どうもありがとうございました。

2）A：あのう、受付はどこですか。

B：ここを右に曲がってまっすぐ行くと、右側にあります。

A：右側ですね。ありがとうございました。

3）（デパートで）

店員：いらっしゃいませ。

客：あのう、お手洗いはどこですか。

店員：ここをまっすぐ行くと、エスカレーターがございます。

エスカレーターの所を左に曲がって少し行くと、

突き当たりにございます。

客：エスカレーターの所を左に曲がるんですね。

店員：はい。

客：どうも。

練習f　絵を見て例のように言いましょう。

文型 6

例）帽子

客：すみません、帽子売場はどこですか。

店員：あそこのエスカレーターの所を右に曲がってまっすぐ行くと、左側にあります。

客：左側ですね。どうもありがとうございました。

1. アクセサリー　2. 靴　3. かばん　4. 化粧品

練習g　CDを聞いて（　　）に番号を書きましょう。

文型 6

CD- 11~

例）交番　　1．文化銀行　　2．本屋　　3．レストランすみれ

言葉(ことば)

CD- 16

□ こちら［これ］		이쪽[이것]
□ しちゃくなさる［試着(しちゃく)する］	試着なさる	입어보시다
□ (ズボンを)はく		(바지를)입다
□ あいだ［時間(じかん)］	間	사이[시간]
□ おきゃくさま	お客様	고객
□ (これに)する		(이것으로)하다
□ うち(の子供(こども))		우리(아이)
□ ジーパン		청바지
□ いけばな	生け花	꽃꽂이
□ やる		하다
□ いなりずし		유부초밥
□ まえがみ	前髪	앞머리
□ (ご)センチ	(5)cm	(5)센티미터
□ エアコン		에어컨
□ (エアコンが)よわい	弱い	(에어컨이)약하다
□ かぎ		열쇠
□ なくす		잃다
□ わる	割る	깨트리다, 깨다
□ けが		상처
□ (けがを)する		(상처를)입다
□ ていきけん	定期券	정기권
□ よごす	汚す	더럽히다
□ ねぼうする		늦잠을 자다
□ けんきゅうしつ	研究室	연구실
□ てぶくろ	手袋	장갑
□ ピアス		피어스, 귀걸이
□ みつかる	見つかる	찾게 되다
□ ほうそうする	放送する	방송하다
□ おこさん	お子さん	자녀분
□ きる	着る	입다
□ こん	紺	감색
□ はんズボン	半ズボン	반바지
□ かぶる		쓰다, 뒤집어쓰다
□ しょうしょう(待(ま)つ)	少々	잠시(기다리다)
□ おとこ	男	남자
□ まいご	迷子	미아
□ (迷子(まいご)に)なる		(미아가)되다
□ みかける	見かける	보다
□ もより	最寄り	가장 가까움
□ うりば	売場	매장
□ イヤリング		귀걸이
□ ネックレス		목걸이
□ ブラウス		블라우스
□ ベルト		벨트
□ ゆびわ	指輪	반지
□ シャツ		셔츠
□ ネクタイ		넥타이
□ スーツ		정장
□ (めがねを)かける		(안경을)쓰다
□ うわぎ	上着	겉옷
□ セーター		스웨터
□ ワンピース		원피스
□ ジーンズ		청바지
□ ズボン		바지
□ パンツ		팬츠, 바지
□ くつした	靴下	양말
□ (イヤリングを)する		(귀걸이를)하다
□ コンタクト		콘택트렌즈
□ アンナ		안나(인명)
□ ヨウ		요(인명)
□ ふじんふくうりば	婦人服売場	여성복 매장
□ ぼうしうりば	帽子売場	모자매장
□ ふるや	古谷	후루야(인명)
□ あずかる	預かる	맡다, 보관하다
□ むかえにくる	迎えに来る	마중오다
□ むかえにいらっしゃる［迎(むか)えに行(い)く］	迎えにいらっしゃる	마중하러 가시다
□ まっすぐ		똑바로, 곧장
□ エスカレーター		에스컬레이터
□ まがる	曲がる	방향을 바꾸다, 돌다
□ ひだりがわ	左側	왼쪽
□ みぎがわ	右側	오른쪽

□ つ「きあたり 突き当たり 막다른 곳
□ ア˥クセサリー 액세서리
□ レ˥ストランす「みれ 레스토랑 스미레

【いろいろな表現(ひょうげん)】

□ うん。 응.
□ お待(ま)たせ。 오래 기다렸지.
□ 大変(たいへん)ですね。 큰일이네요.
□ あの…。 저….
□ どうかなさいましたか。 무슨 일이 있으십니까?
□ 少々(しょうしょう)お待(ま)ちください。 잠시만 기다려주세요.
□ お願(ねが)いいたします。 부탁합니다.
□ 恐(おそ)れ入(い)りますが、 실례지만,
□ ご連絡(れんらく)ください。 연락 주세요.
□ あれ? 어?, 어머?
□ どうも。 감사합니다.
□ 本当(ほんとう)ですか。 정말입니까?
□ (エスカレーターが)ございます。 (에스컬레이터가)있습니다.
□ いらっしゃいませ。 어서 오세요.

第20課

もう進路を決めましたか。

本文

1　経営学の勉強をしようと思っています。

CD- 17~

先生：キムさんは、卒業した後、どうしますか。

キム：経営学の勉強をしようと思っています。

先生：日本で勉強するつもりですか。

キム：はい。ぜひ日本の大学に行きたいと思っています。

先生：どこを受けるんですか。

キム：東都大学を受けるつもりです。

先生：どんな試験がありますか。

キム：日本留学試験と、大学の英語の試験と面接です。

先生：そうですか。受験勉強は進んでいますか。

キム：英語はだいじょうぶだと思うんですが、面接は自信がありません。

先生：これから授業で面接の練習もしますから、がんばってください。

キム：はい、がんばります。

文型(ぶんけい)

1 経営学(けいえいがく)の勉強(べんきょう)をしようと思(おも)っています。

意志形(いしけい)

グループ1	行(い)く	→	行(い)こう	(か き く け こ)
	話(はな)す	→	話(はな)そう	(さ し す せ そ)
	帰(かえ)る	→	帰(かえ)ろう	(ら り る れ ろ)
グループ2	見(み)る	→	見(み)よう	
	受(う)ける	→	受(う)けよう	
グループ3	する	→	しよう	
	来(く)る	→	来(こ)よう	

1）先生(せんせい)：進路(しんろ)についてご両親(りょうしん)に相談(そうだん)しましたか。
　　学生(がくせい)：いいえ、まだです。今度(こんど)の夏休(なつやす)みに話(はな)そうと思(おも)っています。

2）キム：リーさんは、来年進学(らいねんしんがく)するんですか。
　　リー：いいえ。就職(しゅうしょく)しようと思(おも)っています。

3）マリー：今度(こんど)の土曜日(どようび)、原宿(はらじゅく)へ買(か)い物(もの)に行(い)こうと思(おも)っているんですが、ワンさんもいっしょに行(い)きませんか。
　　ワン：いいですね。行(い)きます。

練習a　絵を見て例のように言いましょう。

例）A：今度の週末、何をしますか。

　　B：公園でサッカーをしようと思っています。

公園／サッカー

1．図書館／勉強

2．渋谷／映画

3．うち／ケーキ

☆友達と話しましょう。

文型 2　東都大学を受けるつもりです。

1）ラフル：ワンさん、もう進路を決めましたか。

　　ワン：ええ。日本の美術大学を受けるつもりです。

2）先生：夏休みに国へ帰りますか。

　　チン：いいえ、帰らないつもりです。

3）ワン：京子さん、今日もアルバイトですか。

　　京子：ええ。でも、最近勉強が大変なので、来月辞めるつもりなんです。

練習b 例のように言いましょう。

文型 1・2

例）来年、何の勉強をする／経営学／美術

ワン：来年、何の勉強をするんですか。

キム：経営学の勉強をするつもりです。ワンさんは？

ワン：私は美術の勉強をしようと思っています。

1．来年、どこを受験する／東都大学／朝日大学

2．来年からどこに住む／学生寮／アパート

3．夏休みに何をする／アルバイトをする／九州へ行く

4．学生会館のパーティーで何をする／歌を歌う／国の踊りを踊る

本文

2 進学説明会に行けば、いろいろ質問できますよ。

CD-19~

先生：ラフルさんは来年どうしますか。

ラフル：観光の勉強をするために、

専門学校に行きたいと思っています。

先生：もう学校を決めましたか。

ラフル：いいえ、まだ決めていません。

たくさんあって、迷っているんです。

先生：ふじ観光専門学校という学校を知っていますか。

ラフル：いいえ、知りません。

先生：来週、オープンキャンパスがあるから、行ってみませんか。

ラフル：ええ、行ってみます。

その時、募集要項ももらって来ます。

先生：それから、来月、池袋で留学生のための進学説明会がありますよ。

進学説明会に行けば、いろいろな学校の先生と直接話せますよ。

ラフル：わかりました。行ってみます。ありがとうございます。

文型 3

観光の勉強をするために、専門学校に行きます。

1）新しい車を買うために、貯金しています。

2）私はコンピューターの勉強をするために、日本へ来ました。

3）A：いつも野菜ジュースを飲んでいますね。

　　B：ええ。健康のために、毎日飲んでいるんです。

文型 4

進学説明会に行けば、いろいろな学校の先生と話せます。

「～ば」の形

グループ1	行く	→	行けば	（か　き　く　**け**　こ）
	飲む	→	飲めば	（ま　み　む　**め**　も）
グループ2	見る	→	見れば	
	食べる	→	食べれば	
グループ3	する	→	すれば	
	来る	→	来れば	

1）学生：学校の図書館で本を借りたいんですが、どうすればいいですか。

　　先生：カウンターで学生証を出して手続きをすれば、借りられますよ。

2）チン：映画のチケットはいくらですか。

　　幸子：1，８００円ぐらいです。

　　　　でも、学生証を見せれば、安くなりますよ。

3）A：３時の新幹線に乗りたいんですが、間に合うでしょうか。

　　B：タクシーで行けば、間に合うと思いますよ。

練習C　例のように言いましょう。

文型 4

例）スキーをする／練習する／上手になる

A：スキーをしたいんですが、難しいでしょうか。

B：だいじょうぶですよ。

練習すれば、上手になりますよ。

1．マフラーを編む／本を見る／編める

2．すき焼きを作る／料理の本を見る／作れる

3．日本語でメールを打つ／少し練習する／慣れる

文型 5

A：良子さんの電話番号を知っていますか。

B：はい、知っています。
　　いいえ、知りません。

1）リー：キムさん、ワンさんの誕生日を知っていますか。

キム：はい、知っています。7月8日です。

2）鈴木：田中さん、新入社員の山田さんを知っていますか。

田中：いいえ、知りません。

鈴木：田中さんの学校の後輩だそうですよ。

3）ワン：この近くに郵便局はあるでしょうか。

チン：さあ…。マリーさんが知っているかもしれませんよ。

ワン：そうですか。じゃあ、マリーさんに聞いてみます。

文型 6　ふじ観光専門学校という学校を知っていますか。

1）（道で）

A：すみません、この辺にパンジーという喫茶店はありますか。

B：あのビルの２階にありますよ。

A：あ、あそこですね。ありがとうございます。

2）アルン：ワンさん、トムヤムクンというタイ料理を知っていますか。

ワン：いいえ、知りません。どんな料理ですか。

アルン：辛くてすっぱいスープです。おいしいですよ。

ワン：そうですか。食べてみたいです。

3）A：昨日、コンサートに行きました。

B：誰のコンサートですか。

A：レッドバードというバンドのコンサートです。とてもよかったですよ。

練習d　例のように言いましょう。　文型 5・6

例）チェンマイ／タイ料理の店／いいえ

A：チェンマイというタイ料理の店を知っていますか。

B：いいえ、知りません。

1）森春子／歌手／はい

2）ロニー／会社／いいえ

3）しゃぶしゃぶ／日本料理／はい

4）「ローマの休日」／映画／いいえ

5）銀河亭／レストラン／はい

本文

3 実技試験を受けなくてはいけません。

CD- 21~

先生：ワンさんは、もう進路を決めましたか。

ワン：はい。私は美術大学で油絵の勉強をするつもりです。

先生：もう大学を決めましたか。

ワン：はい。私立大学を2、3校受験するつもりです。

先生：受験の準備は進んでいますか。

ワン：ええ。実技試験を受けなくてはいけないので、
来月から、放課後、デッサンの学校に通うつもりです。

先生：放課後も学校に通うのは大変ですね。毎日行くんですか。

ワン：いいえ。本当は毎日行きたいんですが、日本語の勉強も大変なので、
週3回行こうと思っています。

先生：日本語の面接や筆記試験もありますか。

ワン：はい、あります。今までどんな問題が出たか、
先輩に聞いてみようと思っています。

先生：そうですか。がんばってくださいね。

ワン：はい、がんばります。

文型

7 実技試験を受けなくてはいけません。

1）外国へ行く時は、パスポートを持って行かなくてはいけません。

2）入学願書は締切りまでに出さなくてはいけません。

3）ワン：今日、映画を見に行きませんか。
キム：行きたいんですが、明日までに作文を書かなくてはいけないので…。
ワン：そうですか。じゃあ、また今度行きましょう。

4）Ａ：どこへ行くんですか。

Ｂ：サッカーの練習です。もうすぐ試合があるので、毎日がんばって練習しなくてはいけないんです。

※　学校を退学する時は、学生証を学校に返さなければなりません。

練習e　例のように言いましょう。

文型 7

例）今日／映画を見に行く／明日までに作文を書く

Ａ：今日、映画を見に行きませんか。

Ｂ：今日ですか…。行きたいんですが、明日までに作文を書かなくてはいけないので…。

1．今度の日曜日／ディズニーランドに行く／テストの勉強をする

2．明日の放課後／カラオケに行く／アルバイトに行く

3．今晩／いっしょに食事に行く／６時までにうちに帰る

文型 8

どんな問題が出たかわかりません。

面接試験があるかどうかわかりません。

1）鈴木：田中さんはどこにいますか。

佐藤：さあ、どこにいるかわかりません。捜しましょうか。

2）Ａ：この絵、上手ですね。誰がかいたんですか。

Ｂ：さあ、誰がかいたかわかりません。

3）Ａ：レポートの締切りはいつでしょうか。

Ｂ：私もいつかわかりません。先生に聞いてみましょう。

4）キム：去年の東都大学の入試にどんな問題が出たか、先輩に聞くつもりです。

5）マリー：東京スカイツリーは駅から近いでしょうか。

キム：さあ、近いかどうかわかりません。

6）広田：夏休みにタヒチへ行こうと思っているんですが、ビザが必要でしょうか。

山本：さあ、必要かどうかわかりません。

7）Ａ：寮の近くにプールはあるでしょうか。

Ｂ：さあ、あるかどうか調べてみましょう。

練習ｆ 例のように言いましょう。 **文型 8**

例1）ワンさん／今日のパーティーに出席する／聞く

マリー：ワンさんは今日のパーティーに出席するでしょうか。

リー：さあ、出席するかどうかわからないので、聞いてみましょう。

例2）進学説明会／いつある／調べる

マリー：進学説明会はいつあるでしょうか。

リー：さあ、いつあるかわからないので、調べてみましょう。

1．ラフルさん／おさしみが食べられる／聞く

2．文化デパート／今、バーゲンをしている／調べる

3．パソコン教室／何時まで使える／聞く

4．ゆかた／どこで買える／調べる

言葉

CD- 23

□ けいえいがく	経営学	경영학
□ つもり		예정, 작정
□ ぜひ		꼭
□ うける	受ける	치르다
□ しけん	試験	시험
□ にほんりゅうがくしけん	日本留学試験	일본유학시험
□ じゅけんべんきょう	受験勉強	수험공부
□ (勉強が)すすむ	進む	(공부가)잘되다
□ じしん	自信	자신
□ (自信が)ある		(자신이)있다
□ れんしゅう	練習	연습
□ れんしゅう(を)する	練習(を)する	연습(을)하다
□ がんばる		노력하다
□ しんがくする	進学する	진학하다
□ びじゅつだいがく	美術大学	미술대학
□ びじゅつ	美術	미술
□ じゅけんする	受験する	시험을 치르다
□ あさひだいがく	朝日大学	아사히 대학
□ がくせいりょう	学生寮	학생 기숙사
□ おどり	踊り	춤
□ おどる	踊る	춤추다
□ かんこう	観光	관광
□ まよう	迷う	망설이다
□ ふじかんこうせんもんがっこう	ふじ観光専門学校	후지관광전문학교
□ オープンキャンパス		오픈 캠퍼스, 대학 공개
□ ぼしゅうようこう	募集要項	모집요강
□ もらってくる	もらって来る	받아오다
□ しんがくせつめいかい	進学説明会	진학 설명회
□ ちょくせつ	直接	직접
□ ちょきんする	貯金する	저금하다
□ やさいジュース	野菜ジュース	채소주스
□ けんこう	健康	건강
□ (学生証を)だす	出す	(학생증을)제시하다

□ てつづき	手続き	수속, 절차
□ てつづき(を)する	手続き(を)する	수속(을)하다
□ まにあう	間に合う	시간에 대다
□ タクシー		택시
□ マフラー		머플러, 목도리
□ あむ	編む	뜨다
□ すきやき	すき焼き	스키야키
□ (メールを)うつ	打つ	(메일을)쓰다
□ しんにゅうしゃいん	新入社員	신입사원
□ こうはい	後輩	후배
□ パンジー		팬지
□ ビル		빌딩
□ トムヤムクン		똠양꿍
□ タイりょうり	タイ料理	태국 요리
□ からい	辛い	맵다
□ すっぱい		시다
□ スープ		스프
□ レッドバード		레드버드
□ バンド		밴드
□ チェンマイ		치앙마이
□ ロニー		로니
□ しゃぶしゃぶ		샤브샤브
□ ローマのきゅうじつ	ローマの休日	로마의 휴일
□ ぎんがてい	銀河亭	은하정
□ あぶらえ	油絵	유화
□ しりつだいがく	私立大学	사립대학
□ (さん)こう	(3)校	(3)교, (3)학교
□ じゅけん	受験	수험
□ じつぎしけん	実技試験	실기시험
□ デッサン		데생
□ かよう	通う	다니다
□ ひっきしけん	筆記試験	필기시험
□ (試験の)もんだい	問題	(시험)문제
□ (問題が)でる	出る	(문제가)나오다
□ がいこく	外国	외국

□ パ⌈スポ⌉ート		여권
□ にゅ⌈うがくが⌉んしょ	入学願書	입학원서
□ し⌈めきり	締切り	마감
□ し⌈あい	試合	시합
□ た⌈いがくする	退学する	퇴학하다
□ しょ⌈くじ	食事	식사
□ にゅ⌈うし	入試	입시
□ と⌈うきょう スカイツリ⌉ー	東京 スカイツリー	도쿄 스카이트리
□ タ⌉ヒチ		타히티
□ ビ⌉ザ		비자
□ ひ⌈つよう	必要	필요함
□ りょ⌉う	寮	기숙사
□ しゅ⌈っせきする	出席する	출석하다
□ ゆ⌈かた		유카타

【いろいろな表現(ひょうげん)】

□ がんばってください。　힘내세요.

□ がんばります。　노력하겠습니다, 분발하겠습니다.

□ だいじょうぶですよ。　괜찮습니다.

第21課

ホームステイ

本文

1　ホームステイのマナー

CD- 24~

① あいさつ

ホストファミリーに会ったら、
笑顔であいさつをしましょう。
「はじめまして。エリクです。
これからお世話になります。
どうぞよろしくお願いします。」などと言います。

② 玄関で

玄関で靴を脱いで、スリッパをはきます。
靴を脱がないでうちに上がってはいけません。
靴はきれいにそろえましょう。
和室ではスリッパを脱ぎます。

③ うちで

ホストファミリーのうちはホテルではありません。
自分のことは自分でします。
うちの人に聞いて、手伝いもしましょう。
わからないことはうちの人に聞きましょう。
家族と積極的に話したほうがいいです。

④ 食事の時

食べる前に「いただきます。」、
食べた後「ごちそうさまでした。」
と言います。
嫌いな物は無理に食べなくてもいいです。

⑤ お風呂で

お風呂のお湯は家族みんなで使います。体をよく洗ってから入ります。
出る前に、体をよくふきましょう。

⑥ 帰る時

「本当にお世話になりました。」とか、
「いい思い出ができました。
ありがとうございました。」などと
お礼を言いましょう。

⑦ ホームステイから帰ったら

ホームステイから帰ったら、
ホストファミリーにお礼の
手紙やメールを書きましょう。

文型

1　ホストファミリーに会ったら、笑顔であいさつをしましょう。

1）キム：夏休みになったら、帰国しようと思っています。

2）（昼休み）

ラフル：今日授業が終わったら、カラオケに行きませんか。

ワン：いいですね。

3）（アルバイト先で）

リー：店長、このお皿を洗ったら、どうすればいいですか。

店長：お皿を洗ったら、ふいて、そこの食器棚に入れてください。

それが終わったら、今日は帰ってもいいですよ。

リー：わかりました。ありがとうございます。

練習a　例のように言いましょう。

文型 1

例）この仕事が終わる／何をする／終わる／会議室を片付ける

（アルバイト先で）

A：この仕事が終わったら、何をすればいいですか。

B：終わったら、会議室を片付けてください。

A：はい、わかりました。

1．これをコピーする／どうする／全部コピーする／ホッチキスでとめる

2．食器を洗う／何をする／それが済む／そうじをする

3．そうじが済む／何をする／そうじが済む／テーブルに花を飾る

文型 2 靴を脱がないでうちに上がってはいけません。

1）私はいつも砂糖を入れないでコーヒーを飲みます。

2）マリー：ラフルさんの国では、うちに上がる時、靴を脱ぎますか。

ラフル：いいえ、私の国では、脱がないで上がります。

マリー：そうですか。

3）（朝　教室で）

マリー：キムさん、今日は早いですね。

キム：ええ。ゆうべ、宿題をしないで寝てしまったので、今、しているんです。

文型 3 家族と積極的に話したほうがいいです。

1）先生：どうしたんですか。ちょっと顔色が悪いですね。

学生：頭が痛いんです。それに、寒気もするんです。

先生：熱があるかもしれませんね。早く帰ったほうがいいですよ。

学生：はい、そうします。

2）マリー：これ、何ですか。

広田：わさびです。辛いからたくさん入れないほうがいいですよ。

3）リー：来週、就職説明会に行くんですが、服はスーツのほうがいいでしょうか。

先生：そうですね。そのほうがいいと思いますよ。

文型 4　嫌いな物は無理に食べなくてもいいです。

1）先生：みなさん、宿題のプリントを出してください。
学生：はい。あのう、作文も今、出さなくてはいけませんか。
先生：今、出さなくてもいいですよ。来週の月曜日までに出してください。

2）学生：朝日大学へ願書を出しに行こうと思っているんですが、
電話をしてから行ったほうがいいでしょうか。
先生：しなくてもいいと思いますよ。

3）学生：この机、片付けましょうか。
先生：明日も使うから、片付けなくてもだいじょうぶです。
ありがとう。

4）（旅行会社で）
客：旅行代金は、今日払わなくてはいけませんか。
社員：いいえ、今日じゃなくてもけっこうです。

練習b　友達の国へ旅行しようと思っています。例のように友達と話しましょう。

文型 3・4

例）セーターを持って行く

ラフル：マリーさんの国に行こうと思っているんです。
セーターを持って行ったほうがいいでしょうか。
マリー：ええ、持って行ったほうがいいと思いますよ。
いいえ、持って行かなくてもいいと思いますよ。

1．傘を持って行く

2．ホテルを予約する

3．行く前に言葉を勉強する

☆友達に自由に聞きましょう。

本文(ほんぶん)

2　これは、お父(とう)さんが作(つく)ったトマトです。

CD- 26~

（玄関(げんかん)で）

お母(かあ)さん：いらっしゃい。

チン：はじめまして。チンです。

今日(きょう)から１週間(しゅうかん)お世話(せわ)になります。

よろしくお願(ねが)いします。

お母(かあ)さん：こちらこそよろしくお願(ねが)いします。

疲(つか)れたでしょう。

さあ、上(あ)がってください。

チン：ありがとうございます。

（部屋(へや)で）

チン：これ、国(くに)のお菓子(かし)です。みなさんで召(め)し上(あ)がってください。

お母(かあ)さん：まあ、すみません。

ありがとうございます。

お父(とう)さん：ありがとう。

お母(かあ)さん：チンさん、息子(むすこ)の優太(ゆうた)です。

チンさんが来(く)るのを楽(たの)しみにしていたんですよ。

チン：こんにちは。優太君(ゆうたくん)はいくつ？

優太(ゆうた)：５歳(さい)。

チン：そう。よろしく。

いっぱい遊(あそ)ぼうね。

優太(ゆうた)：うん！

（食事の前）

チン：お母さん、何か手伝うことはありませんか。

お母さん：ありがとう。じゃ、おはしとコップをテーブルに運んでください。

チン：はい。

お母さん：チンさん、嫌いな物はありませんか。

チン：あのう、納豆はちょっと
苦手なんです。

お母さん：そう。嫌いな物は無理に
食べなくてもいいですよ。

チン：はい。

（食事中）

お母さん：さあ、焼肉の用意ができましたよ。どうぞ。

チン：わあ、いい匂いですね。

みんな：いただきます。

お母さん：野菜もたくさん食べてくださいね。
これは、お父さんが作ったトマトなんですよ。

お父さん：去年から趣味でトマトやきゅうりを作っているんです。

チン：へえ、すごいですね。

お父さん：でも、まだ少ししかとれないんです。味はどうかな？
食べてみてください。

チン：おいしい！

お父さん：それはよかった。

チン：お父さんの趣味は
野菜作りなんですね。
お母さんの趣味は何ですか。

お母さん：私はね…。

文型

5　これは、お父さんが作ったトマトです。

これは、［お父さんが 作った］［トマト］です。

↑

基本体

1）これは、私たちが来週泊まるホテルです。

2）A：この建物は何ですか。

B：これは、私が今勉強している学校です。

A：これも学校ですか。

B：いいえ。これは、先週行った博物館です。

3）チン：私がホームステイしたお宅は、北海道の札幌にあります。

4）ラフル：私は昨日、ワンさんがかいた絵を見に行きました。

5）キム：チンさん、ホームステイはどうでしたか。

チン：とても楽しかったです。今度、ホームステイ先で習った料理を作りますから、食べに来てください。

キム：ありがとう。ホストファミリーと撮った写真も見せてくださいね。

6）武：どこでお茶を飲みましょうか。

良子：先週行ったお店へ行きませんか。

武：いいですね。

練習C

例のように、自分の持っている物や写真を友達に見せて、説明しましょう。　文型 5

例1）これは、原宿で買った帽子です。デザインが珍しいので、気に入っています。

例2）これは、私が先月泊まった旅館です。日光にあります。
庭がきれいで、温泉もあって、とてもよかったです。

文型(ぶんけい)

6　少(すこ)ししかとれません。

1）　客(きゃく)：すみません、これの赤(あか)はありますか。

店員(てんいん)：申(もう)し訳(わけ)ありません。その色(いろ)しかないんです。

2）A：漢字(かんじ)が書(か)けますか。

B：いいえ、ひらがなとカタカナしか書(か)けません。

3）（ホームステイ先(さき)で）

お母(かあ)さん：チンさんは国(くに)の料理(りょうり)が作(つく)れますか。

チン：ええ。でも、料理(りょうり)は下手(へた)なので、簡単(かんたん)な物(もの)しか作(つく)れないんです。

4）（店(みせ)で）

A：わあ、すてきなセーターですね。

B：本当(ほんとう)ですね。

A：でも、5千円(せんえん)しかないから買(か)えません。

友達(ともだち)と話(はな)そう

- あなたはホームステイをしたことがありますか。どうでしたか。
- 日本(にほん)でホームステイをしたいですか。どうしてですか。
- ホームステイで何(なに)をしたいですか。

参考(さんこう)

～てはいけません。	と	～てもいいです。

ここでたばこを吸(す)ってはいけません。
（第(だい)９課(か)文型(ぶんけい)３）

ここでたばこを吸(す)ってもいいです。
（第(だい)９課(か)文型(ぶんけい)４）

～なくてはいけません。	と	～なくてもいいです。

お金(かね)を払(はら)わなくてはいけません。
（第(だい)２０課(か)文型(ぶんけい)７）

お金(かね)を払(はら)わなくてもいいです。
（第(だい)２１課(か)文型(ぶんけい)４）

言葉(ことば)

CD- 29

□ あいさつ		인사
□ ホストファミリー		호스트 패밀리
□ あいさつ(を)する		인사(를)하다
□ エリク		에릭(인명)
□ せわになる／おせわになる	(お)世話になる	신세를 지다
□ げんかん	玄関	현관
□ ぬぐ	脱ぐ	벗다
□ スリッパ		슬리퍼
□ (うちに)あがる	上がる	(집에)들어가다
□ そろえる		가지런히(정돈)하다
□ わしつ	和室	일본식 방
□ てつだい	手伝い	도와줌
□ てつだい(を)する	手伝い(を)する	돕다
□ せっきょくてき	積極的	적극적
□ むり(に食(た)べる)	無理	무리(하게 먹다)
□ ゆ／おゆ	(お)湯	따뜻한 물
□ あらう	洗う	씻다
□ (お風呂(ふろ)を)でる	出る	(씻고)나오다, (목욕탕에서)나오다
□ ふく		닦다
□ おもいで	思い出	추억
□ (思(おも)い出(で)が)できる		(추억이)생기다
□ おれい	お礼	감사의 인사
□ (夏休(なつやす)みに)なる		(여름방학이)되다
□ (アルバイト)さき	先	(아르바이트 하는)곳
□ てんちょう	店長	점장
□ しょっきだな	食器棚	식기 선반
□ かいぎしつ	会議室	회의실
□ かたづける	片付ける	정리하다
□ コピーする		복사하다
□ ホッチキス		스테이플러
□ (ホッチキスで)とめる		(스테이플러로)묶다
□ しょっき	食器	식기
□ (そうじが)すむ	済む	(청소가)끝나다
□ かざる	飾る	장식하다
□ かおいろ	顔色	안색

□ (顔色(かおいろ)が)わるい	悪い	(안색이)나쁘다, 좋지 않다
□ わさび		고추냉이
□ しゅうしょくせつめいかい	就職説明会	취직 설명회
□ がんしょ	願書	원서
□ りょこうだいきん	旅行代金	여행대금
□ はらう	払う	지불하다
□ めしあがる［食(た)べる］	召し上がる	드시다
□ むすこ	息子	아들
□ ゆうた	優太	유타(인명)
□ いくつ［何歳(なんさい)］		몇 살
□ いっぱい(遊(あそ)ぶ)		실컷(놀다)
□ コップ		컵
□ はこぶ	運ぶ	옮기다
□ にがて	苦手	싫음
□ しょくじちゅう	食事中	식사중
□ ようい	用意	준비
□ (用意(ようい)が)できる		(준비가)되다
□ におい	匂い	냄새
□ トマト		토마토
□ きゅうり		오이
□ (トマトを)つくる	作る	(토마토를)재배하다, 키우다
□ すごい(ですね。)		대단하(네요)
□ しか(～ない)		밖에(~없다)
□ (トマトが)とれる		(토마토를)딸 수 있다
□ あじ	味	맛
□ やさいづくり	野菜作り	채소 키우기
□ (ホテルに)とまる	泊まる	(호텔에)묵다
□ はくぶつかん	博物館	박물관
□ おたく	お宅	댁
□ さっぽろ	札幌	삿뽀로
□ きにいる	気に入る	마음에 들다
□ にわ	庭	정원
□ あか	赤	빨강

□ も⌈うしわけな⌉い	申し訳ない	변명할 여지가 없다, 미안하다
□ い⌈ろ⌉	色	색
□ ひ⌈らが⌉な		히라가나
□ カ⌈タカ⌉ナ		가타카나
□ へ⌈た⌉	下手	서투름
□ しょ⌈うが⌉くせい	小学生	초등학생
□ む⌈りょう	無料	무료

【いろいろな表現(ひょうげん)】

□ お世話(せわ)になります。	신세지겠습니다.
□ ごちそうさまでした。	잘 먹었습니다.
□ お世話(せわ)になりました。	신세졌습니다.
□ はい、そうします。	네, 그렇게 하겠습니다.
□ ありがとう。	고마워요.
□ いらっしゃい。	어서 오세요.
□ こちらこそ(よろしくお願(ねが)いします。)	저야말로(잘 부탁합니다.)
□ さあ、(上(あ)がってください。)	자, (들어오세요.)
□ まあ、	어머, 어머나,
□ そう。	그래.
□ (味(あじ)は)どうかな？	(맛은)어떨까?
□ それはよかった。	그렇다면 다행이다, 잘됐다.
□ 本当(ほんとう)ですね。	정말이네요.

第22課

ワンさんへのプレゼント

本文

1　あのワンピース、涼しそうですね。

CD- 30~

マリー：あのワンピース、涼しそうですね。

リー：そうですね。すてきなデザインですね。

マリー：前からあんなのがほしいと思っていたんです。

リー：そうですか。

あ、あの赤いワンピースもかわいいですね。

マリー：そうですね。

リーさんに似合うと思いますよ。

マリー：リーさん、ほかに何か見たい物はありませんか。

リー：来週、ワンさんの誕生日なので、プレゼントを探したいんですが…。

マリー：私もワンさんにプレゼントをあげようと思っているんです。

リー：そうですか。じゃ、いっしょにあげませんか。

マリー：いいですね。そうしましょう。

文型(ぶんけい)

1

涼(すず)し ｛ そうです。
　　　　　｛ くなさそうです。

簡単(かんたん) ｛ そうです。
　　　　　　｛ じゃなさそうです。／ではなさそうです。

1）男(おとこ)の人(ひと)：重(おも)そうですね。手伝(てつだ)いましょうか。
　女(おんな)の人(ひと)：すみません。お願(ねが)いします。

2）ラフル：ワンさん、うれしそうですね。
　　リー：ええ。今夜(こんや)、ご両親(りょうしん)が日本(にほん)に来(く)ると
　　　　　言(い)っていましたよ。

3）　ワン：この本(ほん)のお菓子(かし)は全部(ぜんぶ)難(むずか)しそうですね。
　マリー：そうですね…。
　　　　　あっ、でも、このクッキーは
　　　　　あまり難(むずか)しくなさそうですよ。

4）A：暖(あたた)かそうなコートですね。
　B：ええ。このコート、
　　　とても軽(かる)くて暖(あたた)かいんです。

5）A：何(なに)を作(つく)っているんですか。
　B：本棚(ほんだな)です。簡単(かんたん)そうだと思(おも)ったんですが、
　　　難(むずか)しくて…。

6）（八百屋(やおや)で）
　A：この店(みせ)の野菜(やさい)はあまり新鮮(しんせん)じゃなさそうだから、
　　　ほかの店(みせ)へ行(い)きませんか。
　B：そうですね。

文型

2　雨が降りそうです。

1）A：空が暗いですね。

B：そうですね。雨が降りそうですね。

2）（電車の中で）

A：あのう、かばんが落ちそうですよ。

B：あ、ありがとうございます。

3）　リー：マリーさん、ボタンが取れそうですよ。

マリー：あ、本当ですね。ありがとうございます。

4）A：スーパーへ行って来ます。

B：じゃあ、シャンプーがもうすぐ

なくなりそうだから、買って来て。

※　A：すごい雨ですね。

B：そうですね。

しばらくやみそうにありませんね。

「～そう」の形

	辞書形	肯定形	否定形
い形容詞	おいしい ※いい	おいしそうです よさそうです	おいしくなさそうです よくなさそうです
な形容詞	便利	便利そうです	便利じゃなさそうです 便利ではなさそうです
動詞	降る	降りそうです	降りそうにありません

練習a

例のように、絵を見て「～そうです」を使って自由に話しましょう。

文型 1・2

例）A：どれを買いましょうか。

　　B：あのショートケーキがおいしそうですよ。

　　A：じゃ、あれを買いましょう。

文型(ぶんけい)

3　前(まえ)からあんなのが ほしいと思(おも)っていたんです。

1）アン：うちわがほしいと思(おも)っているんですが、
　　　どこで買(か)えますか。
　山本(やまもと)：デパートへ行(い)けば、あると思(おも)いますよ。

2）良子(よしこ)：武(たけし)さん、これ、イタリアのおみやげです。
　　武(たけし)：どうもありがとう。
　　　開(あ)けてみてもいいですか。
　良子(よしこ)：ええ、どうぞ。
　　武(たけし)：ああ、いい色(いろ)ですね。前(まえ)からこんなネクタイが
　　　ほしいと思(おも)っていたんです。本当(ほんとう)にありがとう。

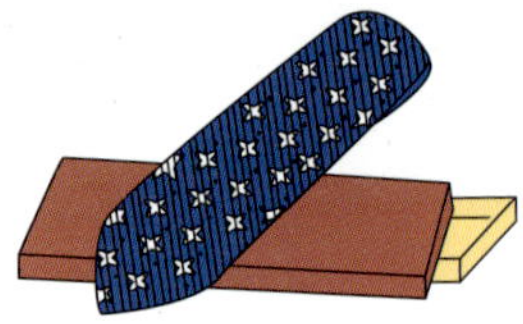

3）　チン：カレンダー、要(い)りませんか。ふたつあるんです。
　ラフル：ありがとうございます。ちょうどほしかったんです。

4）（薬屋(くすりや)で）
　客(きゃく)：すみません、かぜ薬(ぐすり)がほしいんですが。

練習(れんしゅう) b　例(れい)のように言(い)いましょう。　文型 3

例(れい)）頭痛薬(ずつうやく)／あまり強(つよ)くない
　店員(てんいん)：いらっしゃいませ。
　　客(きゃく)：あのう、頭痛薬(ずつうやく)がほしいんですが。
　店員(てんいん)：どんなのがよろしいですか。
　　客(きゃく)：あまり強(つよ)くないのがほしいんです。

1．かぜ薬(ぐすり)／眠(ねむ)くならない

2．デジカメ／使(つか)いやすい

3．スニーカー／軽(かる)くて歩(ある)きやすい

4．折(お)りたたみの傘(かさ)／小(ちい)さくて軽(かる)い

練習C　例のように言いましょう。

文型 3

例1）カメラを買う／今、使っているカメラは古い／新しいカメラ

A：カメラを買うんですか。

B：ええ。今、使っているカメラは古いので、

新しいカメラがほしいんです。

例2）映画を見に行く／テストが終わった／おもしろい映画を見る

A：映画を見に行くんですか。

B：ええ。テストが終わったので、おもしろい映画を見たいんです。

1．パソコンを買う／来年専門学校で使う／いいパソコン

2．めがねを買う／目が悪くなってしまった／新しいめがね

3．旅行に行く／夏休みに国から家族が来る／温泉に行く

4．家具を買う／本が増えた／本棚を買う

文型

4　私はワンさんにプレゼントをあげます。

1）母の日に、私は母にカーネーションをあげました。

2）田中さんは佐藤さんにプールの招待券をあげました。

3）A：新しい冷蔵庫を買ったんですね。

前のはどうしたんですか。

B：友達にあげたんです。

4）　キム：来週の日曜日はラフルさんの誕生日ですね。

ラフルさんに何かあげますか。

マリー：ええ、ケーキをあげるつもりです。

5）（デパートで）

武：ほかに何か見たい物はありますか。

良子：ええ。セーターを見たいんです。

父の誕生日にセーターをあげようと思っているので…。

友達と話そう

- 今までに、いつ、誰に、どんな物をあげましたか。

本文

2　ワンさんは、ネックレスをほしがっていました。 CD- 33~

リー：何がいいと思いますか。

マリー：そうですねえ…。私は友達にコーヒーカップをもらったことがあります。今も大切に使っていますよ。

リー：そうですか…。
でも、ワンさんはコーヒーカップを持っているかもしれませんね。

マリー：そうですね。
あ、ワンさんは生け花を習いたがっていましたから、
生け花の本はどうでしょうか。

リー：でも、どんなのがいいか私たちにはよくわかりませんね。

マリー：そうですね。

リー：あ、ワンさんは、ネックレスをほしがっていましたよ。

マリー：そうですか。じゃ、アクセサリーの店に行ってみましょうか。

リー：ええ、そうしましょう。

文型

5　私は友達にコーヒーカップをもらいました。

1）健志：去年のクリスマスに、僕はお父さんにゲームをもらいました。

2）バレンタインデーに、武さんは良子さんにチョコレートをもらいました。

3）　リン：その路線図、見やすくていいですね。どこでもらったんですか。

　アルン：新宿駅でもらったんです。

4）A：すみません、これ、もらってもいいですか。

　B：ええ、どうぞ。

5）私はいろいろなアクセサリーを持っていますが、

　母にもらった指輪をいちばん大切にしています。

6）A：すみません、募集要項をもらいたいんですが…。

　B：学生課でもらえますよ。学生課はあの建物の１階です。

※　私は国から奨学金をもらって勉強しています。

友達と話そう

・いつ、誰に、どんな物をもらいましたか。

・いちばんうれしかった物は何ですか。

文型

6　ワンさんはネックレスをほしがっていました。

　ワンさんは生け花を習いたがっていました。

1）チン：優太君が飛行機のおもちゃを

　ほしがっていたので、誕生日に

　プレゼントしようと思っています。

2）帰国する前に、妹がほしがっていた雑誌を買いに行くつもりです。

※　ワンさんはネックレスがほしいと言っていました。

3）林：もうすぐ広田さんの誕生日ですね。
どこでパーティーをしましょうか。
木村：タイ料理の店はどうですか。
広田さんはタイ料理を食べたがっていましたよ。

4）マリー：この間、長井さんに会いました。
リー：元気でしたか。
マリー：ええ。リーさんに会いたがっていましたよ。
リー：そうですか。私も長井さんに会いたいと思っていたんです。
今晩、電話してみます。

※　ワンさんは生け花を習いたいと言っていました。

練習d　例のように言いましょう。　文型 4・6

例）ワンさん／ネックレス／ハートのネックレス／今日の放課後

A：もうすぐワンさんの誕生日ですね。
B：ええ。いっしょに何かあげませんか。
A：そうですね。何がいいと思いますか。
B：ネックレスはどうですか。
A：ああ、ハートのネックレスをほしがっていましたね。
B：今日の放課後、見に行きましょうか。
A：ええ、じゃあ、そうしましょう。

1．アルンさん／手帳／革の手帳／今度の土曜日
2．ラフルさん／手袋／毛糸の手袋／週末

プレゼントをあげる時

本文

3　買ったんじゃなくて、もらったんです。

CD- 36~

(学生会館で)

ワン：京子さん、おはようございます。

原京子：おはようございます。
あ、すてきなネックレスですね。

ワン：ありがとうございます。

京子：どこで買ったんですか。

ワン：これは買ったんじゃなくて、もらったんです。

京子：そうですか。

ワン：昨日は私の誕生日だったので、友達にもらったんです。

京子：えっ、昨日、誕生日だったんですか。おめでとう。

ワン：ありがとうございます。

文型(ぶんけい) 7

買(か)ったんじゃなくて、もらったんです。

基本体(きほんたい)　＋　んじゃなくて、基本体(きほんたい)　＋　んです

な形容詞(けいようし)（現在(げんざい)）　**嫌(きら)いなんじゃなくて、苦手(にがて)なんです**

名詞(めいし)（現在(げんざい)）　**大学生(だいがくせい)じゃなくて、高校生(こうこうせい)です**

1）A：帰国(きこく)するんですか。

　B：いいえ、帰国(きこく)するんじゃなくて、

　　旅行(りょこう)に行(い)くんです。

2）A：あれ？

　B：あ、そのドアは押(お)すんじゃなくて、

　　引(ひ)くんですよ。

　A：ああ、そうですか。

3）リー：あ、あそこにおいしそうなジュースがありますよ。

　キム：リーさん、あれはジュースじゃなくて、お酒(さけ)ですよ。

言葉

CD- 38

□ すずしい	涼しい	시원하다
□ あんな		저런
□ ほしい		갖고 싶다
□ にあう	似合う	어울리다
□ あげる		주다
□ おもい	重い	무겁다
□ クッキー		쿠키
□ あたたかい	暖かい	따뜻하다
□ やおや	八百屋	채소 가게
□ うれしい		기쁘다
□ そら	空	하늘
□ シャンプー		샴푸
□ かってくる	買って来る	사오다
□ ボタン(が取れる)		단추(가 떨어지다)
□ (ボタンが)とれる	取れる	(단추가)떨어지다
□ すごい(雨)		굉장한(비)
□ しばらく		당분간
□ やむ		그치다
□ ショートケーキ		쇼트케이크
□ アン		안(인명)
□ うちわ		부채
□ こんな		이런
□ カレンダー		캘린더
□ ふたつ		두 개
□ ちょうど		마침
□ くすりや	薬屋	약국
□ かぜぐすり	かぜ薬	감기약
□ ずつうやく	頭痛薬	두통약
□ (薬が)つよい	強い	(약이)세다
□ ねむい	眠い	졸리다
□ デジカメ		디지털 카메라
□ おりたたみ	折りたたみ	접이식
□ め	目	눈
□ (目が)わるい	悪い	(눈이)나쁘다
□ かぐ	家具	가구
□ ふえる	増える	늘다
□ ははのひ	母の日	어머니의 날
□ カーネーション		카네이션
□ しょうたいけん	招待券	초대권
□ たいせつ	大切	중요, 소중함
□ (習い)たがる		(배우)고 싶어하다
□ ほしがる		갖고 싶어하다
□ クリスマス		크리스마스
□ バレンタインデー		발렌타인 데이
□ ろせんず	路線図	노선도
□ がくせいか	学生課	학생과
□ しょうがくきん	奨学金	장학금
□ ひこうき	飛行機	비행기
□ おもちゃ		장난감
□ プレゼントする		선물하다
□ このあいだ	この間	일전, 요전
□ ハート		하트
□ てちょう	手帳	수첩
□ かわ	革	가죽
□ けいと	毛糸	털실
□ ひく	引く	당기다

【いろいろな表現】

□ (どんなのが)よろしいですか。
(어떤 것이)좋습니까?

□ お誕生日おめでとうございます。
생일 축하합니다.

□ (誕生日)おめでとう。 (생일)축하해.

第23課

電子書籍が増えてきました。

本文

1　電子書籍が増えてきました。

CD- 39~

（テレビのニュースで）

日本では２０１０年ごろから電子書籍が増えてきました。電子書籍が日本でできたのは１９８５年ですが、そのころはあまり売れませんでした。しかし、２０１０年ごろから、電子書籍が読める機器が普及してきたので、たくさんの人が電子書籍を読むようになりました。

電子書籍には、紙の本にはないメリットがいろいろあります。まず、電子書籍は本屋へ行かなくても買えます。また、たくさんの本を保存して持ち運べるので、電車の中や喫茶店などで、好きな本を選んで読むこともできます。このように電子書籍は便利なので、利用する人が増えてきました。

しかし、紙の本のほうが好きだと考えている人もいます。その理由は「本屋でいろいろな本を見て選ぶのが楽しい。」「本棚に並べて楽しむことができる。」などです。

では、電子書籍と紙の本とどちらのほうが人気があるのでしょうか。伊藤記者が街でインタビューしました。

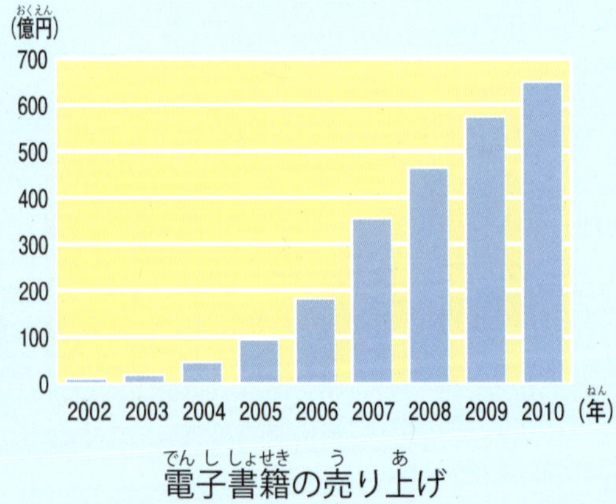

電子書籍の売り上げ

文型

1　電子書籍が増えてきました。

1）たばこを吸う人が減ってきた。

2）京子：最近、料理を習う男性が増えてきたそうですよ。

　ワン：そうですね。私が通っている料理教室にも男の人がいますよ。

3）A：もう日本の生活に慣れましたか。

　B：ええ、もう3か月日本にいるので、だんだん慣れてきました。

4）良子：ラフルさん、日本語の勉強はどうですか。

　ラフル：だんだん難しくなってきました。

※　海外に住んでいる日本人の数がだんだん増えてきました。

　これからも増えていくだろうと思います。

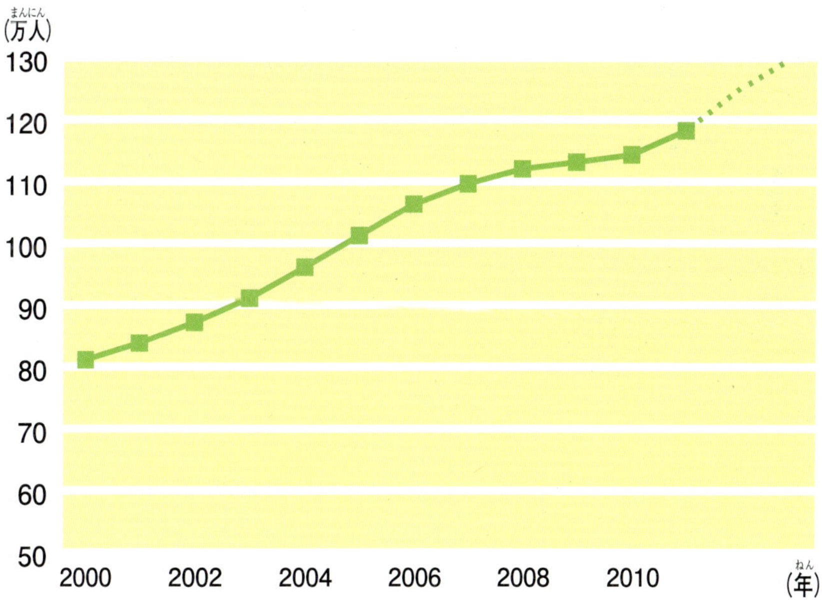

海外に住んでいる日本人の数

練習a　例のようにグラフを見て言いましょう。

文型 1

例）結婚しない人が増えてきました。

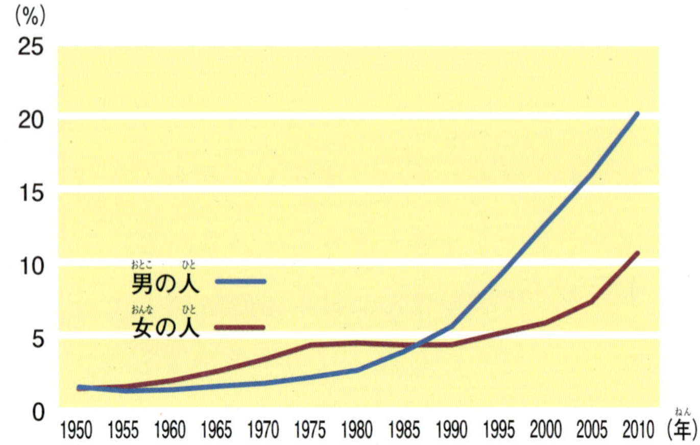

結婚しない人

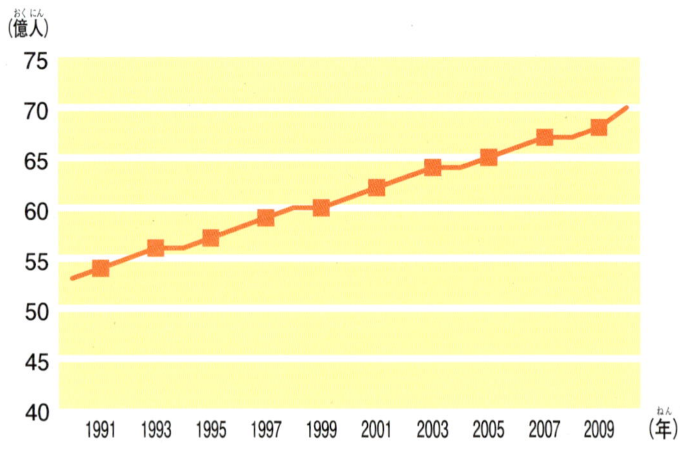

1．世界の人口

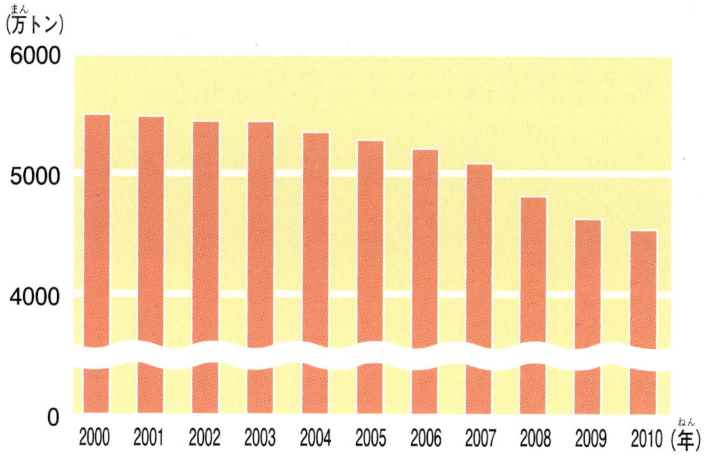

2．ごみの量

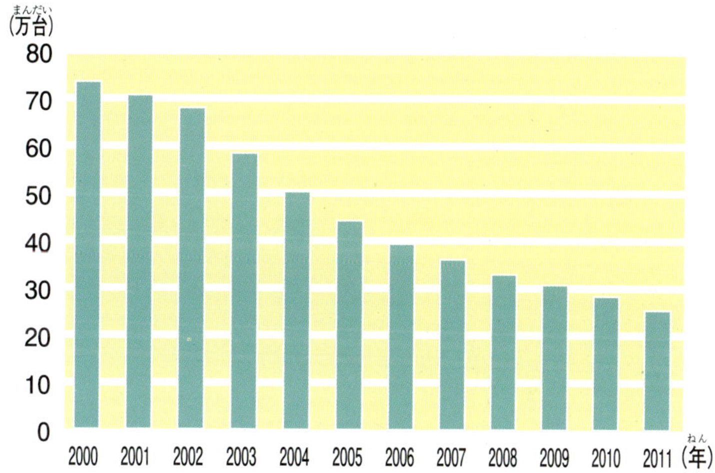

3．公衆電話の数

統計資料出典

本文１　インプレスジャパン『インターネット白書 2011』

文型１　外務省　海外在留邦人数調査統計　平成 24 年速報版

練習ａ　例）国立社会保障・人口問題研究所「人口統計資料集（2012 年版）」

1．UNITED NATIONS　Department of Economic and Social Affairs, WORLD POPULATION PROSPECTS, THE 2010 Revision

2．環境省大臣官房　廃棄物・リサイクル対策部　廃棄物対策課「一般廃棄物の排出及び処理状況等（平成 22 年度）について」

3．総務省　情報通信白書　平成 23 年版

文型

2　たくさんの人が電子書籍を読むようになりました。

1）本田：日本語が上手になりましたね。

　　リー：ありがとうございます。

　　　　日本へ来た時はぜんぜん日本語が話せませんでしたが、

　　　　最近は少し話せるようになりました。

2）科学技術が進んで、宇宙で生活できるようになりました。

3）幸子：チンさんはよく野球を見ますか。

　　チン：前はぜんぜん見ませんでしたが、野球が好きな友達ができて、

　　　　よく見るようになりました。

4）以前は子供はよく外で遊びましたが、最近は家の中で遊ぶようになりました。

※　薬を飲んだので、かぜが治りました。

※　薄切りの牛肉を長く煮ると、固くなります。（第１２課文型４）

※　前はさしみが嫌いでしたが、今は好きになりました。（第１２課文型４）

本文

2　紙の本は読まなくなりました。

CD- 41~

伊藤記者：すみません、ちょっと伺いたいんですが…。

男の人：はい。

伊藤記者：電子書籍と紙の本とどちらのほうが好きですか。

男の人：私は電子書籍のほうが好きです。

伊藤記者：どうしてですか。

男の人：字を大きくして読めるからです。

それに、本を置く場所も要りません。

伊藤記者：そうですか。紙の本は読まないんですか。

男の人：ええ。前はよく読んだんですが、最近は読まなくなりました。

文型 3

前はよく紙の本を読みましたが、最近は読まなくなりました。

1）フランスに住んでいた時はフランス語が話せましたが、
　最近は話せなくなりました。

2）姉は去年結婚して北海道へ行ったので、あまり会えなくなりました。

3）国ではよくスポーツをしましたが、日本へ来てからはしなくなりました。

4）サラ：日本ではお正月に着物を着るんですか。
　山田：昔はよく着ましたが、今はあまり着なくなりました。

変化の表現

い形容詞	おいしい	おいしくなる	おいしくなくなる
な形容詞	安全だ	安全になる	安全じゃなくなる
動詞	食べる	食べるようになる	食べなくなる
動詞（可能形）	話せる	話せるようになる	話せなくなる

// 友達と話そう //

- 子供のころはしましたが、今はしなくなったことがありますか。
- 国ではしませんでしたが、日本に来てからするようになったことがありますか。

本文

3　私は紙の本のほうが好きです。

CD- 44~

伊藤記者：すみません、ちょっと伺いたいんですが…。

大学生：はい。

伊藤記者：電子書籍と紙の本とどちらのほうが好きですか。

大学生：そうですね…。私は紙の本のほうが好きです。

伊藤記者：紙の本ですか。

大学生：紙の本は、デザインがきれいだし、大きさもいろいろあるし、見るのが楽しいです。

伊藤記者：そうですか。

大学生：それに、本屋へ行って、たくさんある本をひとつひとつ見ながら、本を選ぶのも楽しいんです。

伊藤記者：本屋が好きなんですね。

大学生：ええ。偶然いい本が見つかることもあるんですよ。

伊藤記者：なるほど。どうもありがとうございました。

文型 4

紙の本は、デザインがきれいだし、大きさもいろいろあるし、見るのが楽しいです。

基本体　＋　し

1）ワン：東京は、美術館や博物館が多いし、いろいろな国の映画も見られるし、とても文化的な都市ですね。

チン：そうですね。

2）ラフル：リーさんはアパートに住んでいますね。門限がないからいいですね。

リー：ええ。でも、一人暮らしはお金がかかるし、夜寂しいし、よくないこともありますよ。

3）田中：山本さん、この辺にいいすし屋はありませんか。

山本：北口のあさひ寿司はどうですか。魚が新鮮だし、値段も高くないし、おすすめですよ。

4）リー：チンさん、北海道のホームステイはどうでしたか。

チン：お父さんもお母さんも優しかったし、景色もきれいだったし、最高でした。

練習b　例のように言いましょう。

文型 4

例）北海道／天気がいい／景色もきれい／いい

A：北海道はどうでしたか。

B：天気がよかったし、景色もきれいだったし、よかったです。

1．富士山／天気が悪い／寒い／大変

2．世界の料理フェスティバル／にぎやか／食べ物もおいしい／いい

3．試験／問題が難しい／試験時間も長い／疲れる

言葉

CD- 47

□ でんししょせき	電子書籍	전자서적
□ そのころ		그 때, 그 시절
□ うれる	売れる	팔리다
□ しかし		그러나
□ きき	機器	기기
□ ふきゅうする	普及する	보급하다
□ メリット		메리트, 장점
□ ほぞんする	保存する	보존하다
□ もちはこぶ	持ち運ぶ	운반하다
□ このように		이렇듯이
□ りようする	利用する	이용하다
□ かんがえる	考える	생각하다
□ ならべる	並べる	늘어놓다, 나란히 세우다
□ たのしむ	楽しむ	즐기다
□ まち	街	거리
□ うりあげ	売り上げ	매상
□ へる	減る	줄다
□ さいきん	最近	요즘, 최근
□ りょうりきょうしつ	料理教室	요리교실
□ かず	数	수
□ せかい	世界	세계
□ こうしゅうでんわ	公衆電話	공중전화
□ かがくぎじゅつ	科学技術	과학기술
□ (技術が)すすむ	進む	(기술이)발달하다
□ うちゅう	宇宙	우주
□ せいかつする	生活する	생활하다
□ いぜん	以前	이전
□ うかがう [聞く]	伺う	여쭙다
□ ばしょ	場所	장소
□ フランスご	フランス語	프랑스어
□ しょうがつ／おしょうがつ	(お)正月	정월, 설
□ むかし	昔	옛날
□ (子供の)ころ		(어릴)때
□ ひとつひとつ		일일이, 하나하나
□ ぐうぜん	偶然	우연

□ ぶんかてき	文化的	문화적
□ ひとりぐらし	一人暮らし	혼자 삶
□ (お金が)かかる		(돈이)들다
□ あさひずし	あさひ寿司	아사히 스시
□ ねだん	値段	가격
□ おすすめ		추천
□ やさしい	優しい	상냥하다, 다정하다
□ けしき	景色	경치
□ さいこう	最高	최고
□ ふじさん	富士山	후지산
□ りょうりフェスティバル	料理フェスティバル	요리 페스티벌
□ しけんじかん	試験時間	시험시간

【いろいろな表現】

□ すみません、ちょっと伺いたいんですが…。 죄송합니다, 좀 여쭙고 싶습니다만….

□ なるほど 그렇군요.

第24課

映画を見に行かない？

本文

1　映画を見に行かない？

CD- 48~

佐藤武：もしもし、武だけど…。

吉田良子：あ、武さん。

武：今、いい？

良子：うん、だいじょうぶよ。

武：友達が映画の招待券をくれたんだけど、いっしょに見に行かない？

良子：いいわね。どんな映画？

武：「消えたダイヤ」だよ。

良子：その映画、見たいと思ってたの。
友達がとってもおもしろかったって言ってたよ。

武：本当？　よかった。

良子：いつ行く？

武：今度の土曜日はどう？

良子：いいわよ。

武：招待券が４枚あるから、あと二人行けるんだけど、誰かいない？

良子：じゃ、京子を誘ってもいい？
その映画、見たがってたんだ。

武：うん、いいよ。
僕の友達も誘ってみるね。

本文(ほんぶん)

2 行(い)きたいけど、土曜日(どようび)はアルバイトがあるの。 2-1- 51~

吉田良子(よしだよしこ)：もしもし、京子(きょうこ)？

原京子(はらきょうこ)：ああ、良子(よしこ)。元気(げんき)？

良子(よしこ)：うん。あのね、土曜日(どようび)いっしょに映画(えいが)を見(み)に行(い)かない？
武(たけし)さんが「消(き)えたダイヤ」の招待券(しょうたいけん)を持(も)ってるの。

京子(きょうこ)：土曜日(どようび)？

良子(よしこ)：うん。武(たけし)さんの友達(ともだち)も行(い)くって。

京子(きょうこ)：行(い)きたいけど、土曜日(どようび)はアルバイトがあるの。

良子(よしこ)：ああ、そう。

京子(きょうこ)：残念(ざんねん)だけど、また今度(こんど)誘(さそ)って。

良子(よしこ)：わかった。じゃ、またね。

文型

1　親しい友達との会話　1

CD- 54~

1）A：明日、図書館へ行く？

　　B：うん、行く。

2）A：昨日、テレビ見た？

　　B：ううん、見なかった。

3）A：遊園地に行かない？

　　B：うん、行く。

4）A：ごはん食べた？

　　B：ううん、まだ。

　　A：じゃあ、食べに行こう。

　　B：うん。

5）A：手伝おうか？

　　B：ありがとう。

6）A：今夜、暇？

　　B：うん、暇。

7）A：昨日の試験はどうだった？

　　B：英語は簡単だった。でも、数学は難しかった。

8）A：今日の晩ごはんは何？

　　B：カレーライス。

9）A：新しい教科書もう買った？

　　B：うん、買った。

　　A：いくらだった？

　　B：２千円だった。

動詞	行きます。	**行く。**
	行きました。	**行った。**
	行きますか。	**行く？**
	行きましたか。	**行った？**
	行きませんか。	**行かない？**
	行きましょう。	**行こう。**
	手伝いましょうか。	**手伝おうか？**
い形容詞	新しいです。	**新しい。**
	新しくありません。	**新しくない。**
	新しかったです。	**新しかった。**
	新しいですか。	**新しい？**
な形容詞	元気です。	**※元気。**
	元気じゃありません。	**元気じゃない。**
	元気でした。	**元気だった。**
	元気ですか。	**※元気？**
名詞	あさってです。	**※あさって。**
	あさってじゃありません。	**あさってじゃない。**
	学生でした。	**学生だった。**
	学生ですか。	**※学生？**
その他	いつですか。	**※いつ？**
	はい	**うん**
	いいえ	**ううん**

※辞書形

練習a 例のように言いましょう。

文型 1

例）テスト／いつ／あさって

A：テストはいつ？

B：あさって。

1．アルンさん／どこ／教室
2．今日の晩ごはん／何／てんぷら
3．良子さんのかばん／どれ／あの黒いの
4．歌がいちばん上手な人／誰／マリーさん

練習b 例のように言いましょう。

文型 1

例）昨日のドラマ／見る／おもしろい

A：昨日のドラマ見た？

B：うん、見た。

A：どうだった？

B：おもしろかった。

1．武さんが作ったケーキ／食べる／おいしい
2．レポート／書く／大変じゃない
3．今日の宿題／やる／簡単
4．このまんが／読む／まあまあ

文型(ぶんけい)

2　親(した)しい友達(ともだち)との会話(かいわ)　2

CD- 56~

＜男(おとこ)の人(ひと)の会話(かいわ)＞

1）Ａ：次(つぎ)は誰(だれ)？
　　Ｂ：僕(ぼく)。

2）Ａ：どうしたの？
　　Ｂ：頭(あたま)が痛(いた)いんだ。

3）Ａ：この本(ほん)借(か)りてもいい？
　　Ｂ：うん、いいよ。

4）Ａ：明日(あした)、プールに行(い)かない？
　　Ｂ：いいね。

5）Ａ：テストは月曜日(げつようび)？
　　Ｂ：うん、そうだよ。

6）Ａ：これ、おいしいね。
　　Ｂ：そうだね。

＜女(おんな)の人(ひと)の会話(かいわ)＞

1）Ａ：次(つぎ)は誰(だれ)？
　　Ｂ：私(わたし)。

2）Ａ：どうしたの？
　　Ｂ：頭(あたま)が痛(いた)いの。

3）Ａ：この本(ほん)借(か)りてもいい？
　　Ｂ：うん、いいわよ。

4）Ａ：明日(あした)、プールに行(い)かない？
　　Ｂ：いいわね。

5）Ａ：テストは月曜日(げつようび)？
　　Ｂ：うん、そうよ。

6）Ａ：これ、おいしいわね。
　　Ｂ：そうね。

	＜男(おとこ)の人(ひと)＞	＜女(おんな)の人(ひと)＞
私(わたし)	**僕(ぼく)**	**私(わたし)**
どうしたんですか。	**どうしたの？**	**どうしたの？**
痛(いた)いんです。	**痛(いた)いんだ。**	**痛(いた)いの。／痛(いた)いんだ。**
おいしいですよ。	**おいしいよ。**	**おいしいわよ。／おいしいよ。**
元気(げんき)ですよ。	**元気(げんき)だよ。**	**元気(げんき)よ。／元気(げんき)だよ。**
学生(がくせい)ですよ。	**学生(がくせい)だよ。**	**学生(がくせい)よ。／学生(がくせい)だよ。**
おいしいですね。	**おいしいね。**	**おいしいわね。／おいしいね。**
元気(げんき)ですね。	**元気(げんき)だね。**	**元気(げんき)ね。／元気(げんき)だね。**
学生(がくせい)ですね。	**学生(がくせい)だね。**	**学生(がくせい)ね。／学生(がくせい)だね。**

練習c　例のように言いましょう。

文型 2

例）コンビニ／ジュース／買う

A：どこへ行くの？

B：コンビニ。ジュース 買いに ｛行くんだ。／行くの。｝

1．郵便局／切手／買う
2．医務室／薬／もらう
3．図書館／本／返す
4．銀行／お金／おろす
5．先生の所／作文／出す

文型 3　親しい友達との会話　3

CD- 58~

1）キム：リーさん、消しゴム貸して。

リー：はい。

2）A：良子さんはどこ？

B：図書館で勉強してる。

3）武：良子さん、京子さんもコンサートに行く？

良子：うん、行くって（言ってた）。

4）ラフル：明日、友達が遊びに来るから、

そうじしなくちゃ。

5）ワン：キムさん、ごめん。借りた傘忘れちゃった。

キム：そう。じゃあ、明日、持って来て。

ワン：うん。

貸(か)してください。	**貸(か)して。**
勉強(べんきょう)しています。	**勉強(べんきょう)してる。**
～と言(い)っていました。	**～って（言(い)ってた）。**
そうじしなくてはいけません。	**そうじしなくちゃ。** **そうじしなきゃ。**
忘(わす)れてしまいました。	**忘(わす)れちゃった。**
すみません。	**ごめん。**

練習(れんしゅう)d　例(れい)のように言(い)いましょう。

文型 3

例(れい)）消(け)しゴム／なくす

A：消(け)しゴム なくしちゃったから、買(か)わなくちゃ。

B：｛僕(ぼく)の／私(わたし)の｝貸(か)そうか？

A：本当(ほんとう)？　ありがとう。

1．シャーペン／忘(わす)れる

2．定規(じょうぎ)／なくす

3．ホッチキス／壊(こわ)れる

文型

4　友達が(私に)映画の招待券をくれました。

1）健志：毎年お正月に、おじいちゃんが(僕に)お年玉をくれます。

2）ワン：日本人の友達が(私に)日本料理の本をくれました。

3）伸：これ、どうしたの？

母：おじさんがくれたのよ。

北海道のおみやげだって。

4）夫：あれっ、虫歯だ。

妻：そうなの。隣のおばあちゃんが

この子によく甘い物をくれるから困るわ。

5）良子：昨日、武さんが誕生日のプレゼントをくれたの。

京子：何をくれたの？

良子：スカーフ。

練習e　例のように言いましょう。

文型 4

例）りんご／友達／おいしそう

チン：このりんご、友達がくれたんだ。

たくさんあるから、どうぞ。

ラフル：もらってもいいの？

チン：うん。ワンさんにもあげようと思ってるんだ。

ラフル：おいしそうだね。どうもありがとう。

1．お菓子／先輩／おいしそう

2．いちご／ホストファミリー／大きい

3．絵はがき／日本人の友達／きれい

文型

5　行きたいけど、土曜日はアルバイトがあるの。

1）A：ゆうべ、サッカーの試合見た？

B：うん。見たけど、あんまりおもしろくなかった。

2）キム：旅行はどうだった？

サラ：ちょっと疲れたけど、おいしい物を食べたり、
温泉に入ったりして楽しかったよ。

3）チン：ワンさん、料理を習ってるそうだね。

ワン：うん。習ってるけど、まだ上手じゃないんだ。

4）A：新しいアパートはどう？

B：駅から近くて便利だけど、家賃がちょっと高いんだ。

5）A：宿題、難しかった？

B：難しくなかったけど、問題がたくさんあって大変だったよ。

※　武：良子さん、明日、暇？

良子：うん。

武：コンサートの招待券があるんだけど、いっしょに行かない？

良子：いいわね。

練習f　例のように言いましょう。

文型 1～4

例）映画を見る／割り引き券

山田：木村さん、映画を見に行かない？
　　　友達が割り引き券を {くれたんだ。/くれたの。}

木村：{いいね。/いいわね。} いつ行く？

山田：明日はどう？

木村：うん、{いいよ。/いいわよ。}

1．ボウリングをする／招待券

2．イタリア料理を食べる／クーポン券

3．カラオケ／割り引き券

4．プール／招待券

練習g 例のように言いましょう。

文型 1～5

例）明日／アルバイトがある

山田：木村さん、明日、映画を見に行かない？

木村：明日？

山田：佐藤さんが招待券をくれた {んだ。/の。}

木村：行きたいけど、明日はアルバイトがある {んだ。/の。}

山田：あ、そう。

木村：残念だけど、また今度誘って。

1．あさって／用事がある

2．今度の土曜日／友達がうちへ来る

3．放課後／約束がある

☆友達を誘いましょう。

参考

誰について話しているか注意して、下の絵と文を見てみましょう。

次に下の絵と文を見て、いつ「くれる」を使うのか考えましょう。

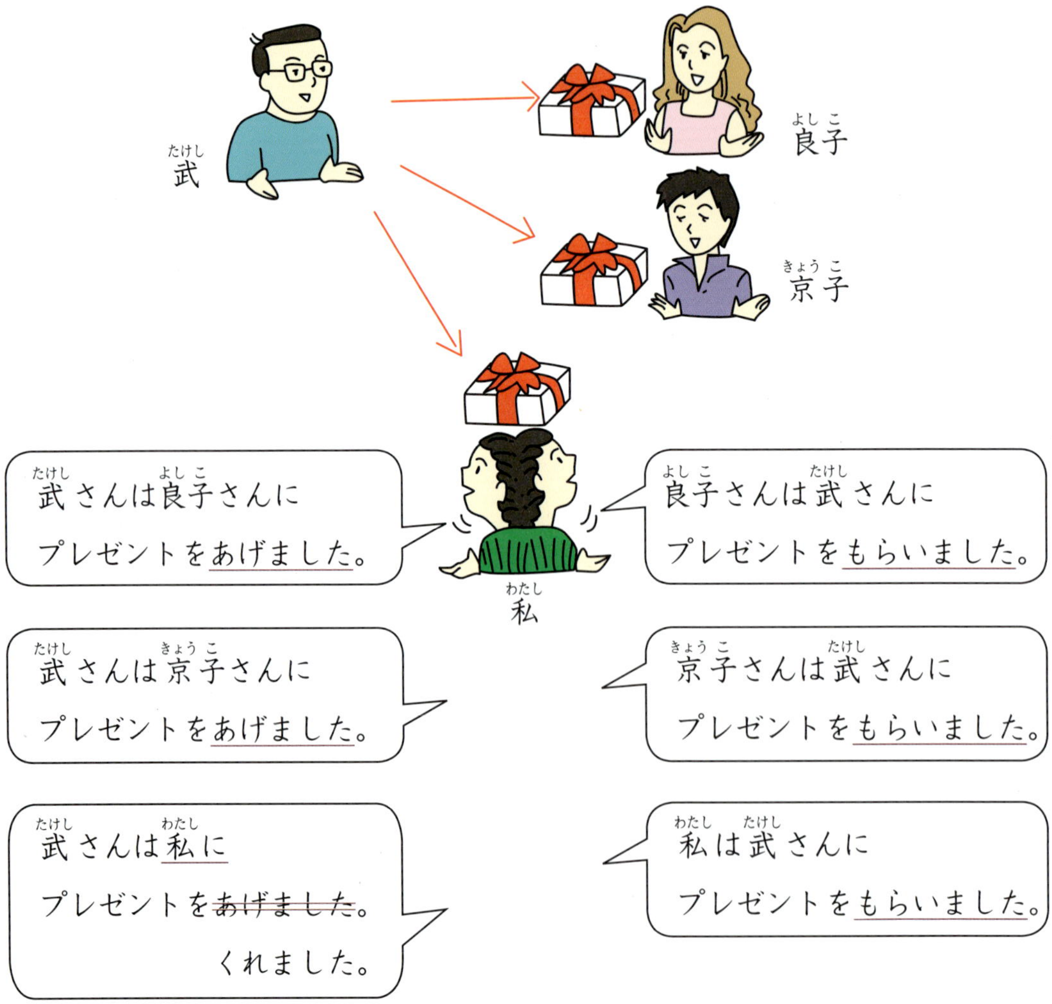

「くれる」についてもう少し詳しく見てみましょう。

「自分の家族」は「私」と同じだと考えます。

武　　妹　私

武さんは私の妹に
プレゼントを~~あげました~~。
くれました。

「話している相手」も「私」と同じだと考えます。

武

良子　京子

武さんは良子さんに
いろいろな物を~~あげました~~。
くれました。

言葉(ことば)

CD- 60

□ く「れる		주다
□ き「えたダ」イヤ	消えたダイヤ	사라진 다이아몬드
□ と「っても		매우, 대단히
□ あ」と(二人(ふたり))		나머지(두 사람)
□ (アルバイトが)あ」る		(아르바이트가)있다
□ ゆ「うえ」んち	遊園地	유원지
□ す「うがく	数学	수학
□ カ「レーラ」イス		카레라이스
□ ま「あま」あ		그저 그렇다
□ い「む」しつ	医務室	의무실
□ お「ろ」す		인출하다
□ (先生(せんせい)の)と「ころ」	所	(선생님이 계신)곳
□ じょ」うぎ	定規	자
□ こ「われ」る	壊れる	고장나다
□ ま「いとし	毎年	매년
□ お「じ」いちゃん		할아버지
□ お「としだま	お年玉	새뱃돈
□ お「じさん		아저씨, 숙부
□ お「っと	夫	남편
□ む「しば	虫歯	충치
□ つ」ま	妻	아내
□ お「ば」あちゃん		할머니
□ こ	子	아이
□ こ「ま」る	困る	곤란하다
□ ス「カ」ーフ		스카프
□ り「んご		사과
□ え「は」がき	絵はがき	그림 엽서
□ あ「んまり		그다지, 별로
□ ボ「ウリング		볼링
□ ボ「ウリング(を)する		볼링(을)치다
□ ク「ーポ」ンけん	クーポン券	쿠폰
□ や「くそく	約束	약속

【いろいろな表現(ひょうげん)】

□ (武(たけし))だけど…。	(다케시)인데….
□ 今(いま)、いい？	지금 괜찮아?
□ 本当(ほんとう)？	정말?
□ あのね、	저~,
□ じゃ、またね。	그럼 또 봐.
□ ううん、	아니,
□ ごめん。	미안.

第(だい)25課(か)

故障(こしょう)して動(うご)かないんです。

自動詞(じどうし)と他動詞(たどうし)

☞ 116ページ

	[自動詞(じどうし)]	[他動詞(たどうし)]
①	 ドアが開(あ)く	 ドアを開(あ)ける
②	 ドアが閉(し)まる	 ドアを閉(し)める
③	 糸(いと)が切(き)れる	 糸(いと)を切(き)る

	[自動詞]	[他動詞]
④	 ジュースが出る	 ジュースを出す
⑤	 風車が回る	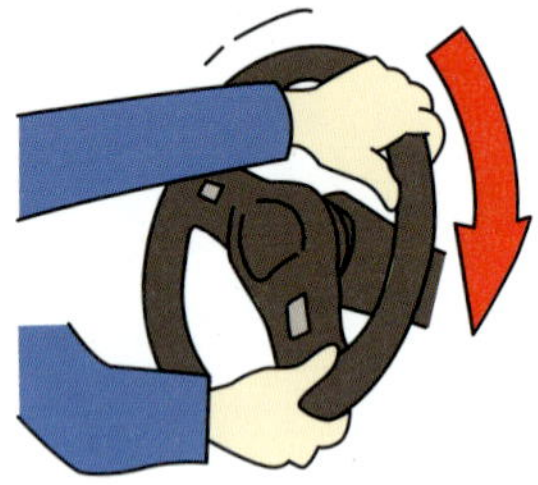 ハンドルを回す
⑥	 りんごが落ちる	 りんごを落とす
⑦	 木が倒れる	 木を倒す

[自動詞(じどうし)]　　　　[他動詞(たどうし)]

⑧

人形(にんぎょう)が動(うご)く

人形(にんぎょう)を動(うご)かす

⑨

水(みず)が止(と)まる

水(みず)を止(と)める

⑩

皿(さら)が割(わ)れる

皿(さら)を割(わ)る

[自動詞(じどうし)]　　　　[他動詞(たどうし)]

⑪

Tシャツが汚(よご)れる　　　　Tシャツを汚(よご)す

⑫

電気(でんき)がつく　　　　電気(でんき)をつける

⑬

電気(でんき)が消(き)える　　　　電気(でんき)を消(け)す

⑭

カメラが壊(こわ)れる　　　　カメラを壊(こわ)す

[自動詞(じどうし)]　[他動詞(たどうし)]

⑮

起(お)きる

子供(こども)を起(お)こす

⑯

（お風呂(ふろ)に）入(はい)る

赤(あか)ちゃんを（お風呂(ふろ)に）入(い)れる

⑰

犬(いぬ)を（車(くるま)に）乗(の)せる

（車(くるま)に）乗(の)る

本文(ほんぶん)

1　押(お)しても出(で)ないんです。

CD- 61~

＜会話(かいわ)１＞

鈴木伸(すずきしん)・健志(けんじ)：ただいま。

母(はは)：おかえり。

早(はや)かったわね。あれっ、たこは？

健志(けんじ)：糸(いと)が切(き)れて、どっかへ行(い)っちゃったんだ。

＜会話(かいわ)２＞

広田(ひろた)：もうすぐ着(つ)きますね。

山本(やまもと)：サラさんを起(お)こしましょうか。

広田(ひろた)：そうですね。

山本(やまもと)：サラさん、サラさん、起(お)きてください。

＜会話(かいわ)３＞

サラ：昨日(きのう)、田中(たなか)さんにプレゼントをもらったんです。

山本(やまもと)：へえ。何(なに)をもらったんですか。

サラ：あの…、日本語(にほんご)の名前(なまえ)がわからないんですけど、

ふたを開(あ)けると、音(おと)が出(で)る箱(はこ)です。

山本(やまもと)：ああ、「オルゴール」ですね。

サラ：「オルゴール」っていうんですか。

田中(たなか)さんにもらったオルゴール、音(おと)が出(で)るだけじゃなくて、

人形(にんぎょう)がくるくる回(まわ)るんです。

＜会話4＞

警官：この車はあなたのですか。

佐藤 武：はい。

警官：すぐに動かしてください。

佐藤：すみません。故障して動かないんです。

＜会話5＞

マリー：暗いですね。電気をつけましょう。

長井：スイッチはどこですか。

マリー：あ、ありました。

（パチッ）

あれ、つきませんね。

長井：あ、あれじゃありませんか。

（パチッ）

つきました。

＜会話6＞

鈴木幸子：一郎さん、ちょっとびんのふたを開けて。

鈴木一郎：いいよ。

幸子：これ、良子さんにもらったジャムなんだけど、

開かないの。

一郎：貸して。

*

一郎：ほら、開いた。

幸子：ありがとう。

＜会話7＞

（食堂で）

客：すみません、おつりが出ないんです。

食堂の人：そのボタンを押すと、出ますよ。

客：押しても出ないんです。

食堂の人：そうですか。じゃ、ちょっと見てみます。

文型

1　（ボタンを）押しても出ないんです。

1）A：あれ？

B：どうしたの？

A：ボタンを押してもエアコンがつかないんだ。

2）（ゲームセンターで）

客：すみません、これ、お金を入れても動かないんですけど…。

店員：少々お待ちください。

3）（フロントで）

客：カードを入れてもドアが開かないんです。

ホテルの人：申し訳ございません。すぐ確認します。

4）（食器売場で）

店員：このコップは落としても割れませんから、安全ですよ。

※　私は夜遅く寝ても、次の朝、早く起きられます。

練習a　絵を見て例のように言いましょう。

本文1　会話3

例）ボタンを押すと、ドアが開きます。

ボタン／押す／ドア／開く

1．ドア／開ける／電気／つく

2．ボタン／押す／テレビ／つく

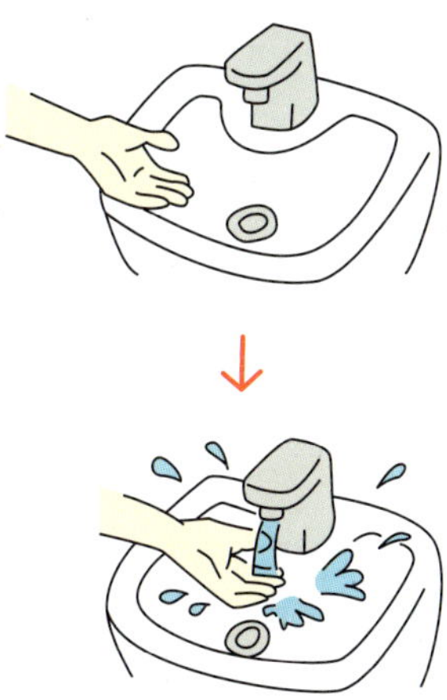

3．手／出す／水／出る

☆練習aのように、自分が持っている物の使い方を、自動詞、他動詞を使って説明しましょう。

練習b　絵を見て例のように言いましょう。

本文1
会話4~6

例）（ホテルで）

客：あのう、すみません。

ホテルの人：はい。

客：洗面所の水が出ないんですが…。

ホテルの人：わかりました。すぐ伺います。

洗面所の水／出る

1. ベッドの横の電気／つく

2. シャワーのお湯／出る

3. テレビ／つく

4. 窓／開く

練習C　絵を見て例のように言いましょう。

本文1
会話4～6

例）A：どうしたんですか。

B：ライターがつかないんです。

A：ちょっといいですか。

＊

はい、つきましたよ。

B：ありがとうございます。

ライター／つく

1．びんのふた／開く

2．窓／閉まる

3．電池／入る

言葉(ことば)

CD-76

□ あく	開く	열리다
□ しまる	閉まる	닫히다
□ いと	糸	실
□ きれる	切れる	끊어지다
□ (ジュースが)でる	出る	(주스가)나오다
□ (ジュースを)だす	出す	(주스를)꺼내다
□ ふうしゃ	風車	풍차
□ まわる	回る	돌다
□ ハンドル		핸들
□ まわす	回す	돌리다
□ (りんごを)おとす	落とす	(사과를)떨어뜨리다
□ たおれる	倒れる	쓰러지다, 넘어지다
□ たおす	倒す	넘어뜨리다
□ にんぎょう	人形	인형
□ うごく	動く	움직이다
□ うごかす	動かす	움직이게 하다
□ (水(みず)が)とまる	止まる	(물이)안 나오다
□ われる	割れる	깨지다
□ よごれる	汚れる	더러워지다
□ (電気(でんき)が)つく		(전기가)켜지다
□ (電気(でんき)を)つける		(전기를)켜다
□ きえる	消える	꺼지다, 사라지다
□ けす	消す	끄다
□ こわす	壊す	부수다, 고장내다
□ おこす	起こす	일으키다
□ あかちゃん	赤ちゃん	아기
□ (お風呂(ふろ)に)いれる	入れる	(목욕)시키다
□ (車(くるま)に)のせる	乗せる	(차에)태우다
□ たこ		문어
□ どっか		어딘가
□ おと	音	소리
□ (音(おと)が)でる	出る	(소리가)나다
□ オルゴール		오르골
□ くるくる		뱅글뱅글
□ けいかん	警官	경관
□ こしょうする	故障する	고장나다
□ スイッチ		스위치
□ パチッ		불이 켜지는 소리
□ すずき いちろう	鈴木一郎	스즈키 이치로(인명)
□ びん		병
□ ジャム		잼
□ おつり		잔돈
□ ゲームセンター		게임센터
□ フロント		프론트
□ カード		카드
□ かくにんする	確認する	확인하다
□ しょっきうりば	食器売場	식품매장
□ うかがう［行(い)く］	伺う	찾아뵙다, 방문하다
□ ベッド		침대
□ ライター		라이터
□ でんち	電池	건전지

【いろいろな表現(ひょうげん)】

□ おかえり。	잘 다녀왔어요.
□ ちょっと（びんのふたを開(あ)けて。）	잠깐, (병 뚜껑을 열어줘.)
□ 貸(か)して。	빌려줘.
□ ほら、	자,
□ 申(もう)し訳(わけ)ございません。	죄송합니다.
□ (すぐ)伺(うかが)います。	(바로)찾아 뵙겠습니다.
□ ちょっといいですか。	잠깐 괜찮으십니까?

第26課

引っ越し

本文

1　かぎが壊れています。

CD- 77~

（中野のアパートで）

不動産屋：ここです。どうぞ。
　　　　　明るくていい部屋でしょう。

吉田良子：ええ、そうですね。
　　　　　でも、壁が少し汚れていますね。

不動産屋：ああ、これはふけばきれいに
　　　　　なると思います。

良子：この部屋は南向きですか。

不動産屋：ええ。ちょっと窓を開けてみましょう。

良子：あっ、かぎが壊れていますね。

不動産屋：これはすぐ大家さんに言います。

＊

不動産屋：こちらがお風呂です。

良子：思ったより広いですね。それに、きれいですね。

不動産屋：そうでしょう。
　　　　　これで８万円は安いと思いますよ。
　　　　　いかがですか。この部屋はおすすめですよ。

良子：じゃ、ここに決めます。

不動産屋：わかりました。
　　　　　それでは、手続きをしますから、事務所へ戻りましょう。

文型

1　壁が汚れています。

1）A：あっ、窓ガラスが割れていますよ。
　　B：本当だ。危ないですね。

2）A：ハンカチが落ちていますよ。
　　B：あ、ありがとうございます。

3）良子：あっ、ここ、ボタンが取れてるよ。
　　京子：えっ、本当？　ありがとう。

4）（レストランで）
　　客：すみません、
　　　テーブルがぬれているので、
　　　ふいてください。
　　ウエートレス：はい。どうもすみません。

5）A：このコピー機、使ってもいいですか。
　　B：あ、これは故障しているんです。
　　　2階にもありますから、
　　　そちらを使ってください。
　　A：わかりました。ありがとうございます。

練習a　絵を見て例のように言いましょう。

文型 1

例）窓ガラスが割れているので、

気をつけてください。

窓ガラスが割れる

1．床がぬれる

2．ガラスが落ちる

3．木が倒れる

4．床が汚れる

本文

2　引っ越しチェックリスト

CD- 79~

引っ越しの前に

□1．引っ越しの日を決めて、引っ越し会社を選びます。

□2．電気、ガス、水道などの営業所に引っ越しの連絡をします。

□3．役所に転出届を出します。（＊）

□4．郵便局に転居届を出しておきましょう。

□5．大きい家具や電気製品を捨てる時は、その地域のごみの出し方を調べて、ルールを守って捨てましょう。

□6．新しい部屋の家具の位置を決めておきます。

荷造り

□1．後ですぐわかるように、中に入れた物の名前を段ボール箱に書いておきます。

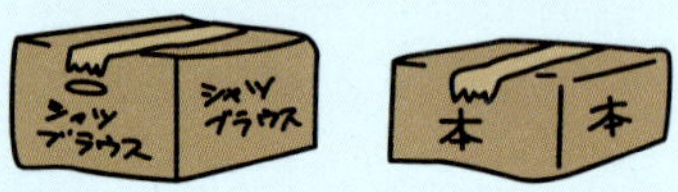

□2．食器などは、割れないように、ひとつずつ新聞紙などで包んでおきます。

□3．本などの重い物は、小さい段ボール箱に入れましょう。

□4．引っ越しの後ですぐ使う物は、ひとつの箱に入れておきましょう。

引っ越した後で

□1．役所に転入届を出します。（＊）

□2．運転免許証やクレジットカードなどの住所変更をします。

＊外国人の場合は、新しい住所の役所に在留カードを持って行って、手続きをします。

文型

2　郵便局に転居届を出しておきます。

1）Ａ：どこへ行くんですか。

　　Ｂ：旅行会社です。夏休みに旅行に行くので…。

　　Ａ：早いですね。

　　Ｂ：ええ。８月は旅行する人が多いから、今から予約しておくんです。

2）　武：食事はどうしようか。

　　良子：映画は６時半から８時半までだから、先に軽く食べておかない？

　　　武：それがいいね。

3）（昼休み　会社で）

　　長井：午後の会議の場所はどこですか。

　　課長：３階の大会議室です。

　　長井：では、エアコンをつけておきましょうか。

　　課長：お願いします。

4）（団体旅行のバスの中で）

　　添乗員：みなさん、ここで１５分休憩します。

　　　　　　ここを出発した後、下田に着くまで休憩はありませんので、

　　　　　　ここでお手洗いに行っておいてください。

練習b　例のように言いましょう。

文型 2

例）お弁当を買う／向こうにはあまり店がない／ここで買う

A：お弁当を買いましたか。

B：いいえ、まだです。

A：向こうにはあまり店がないから、ここで買っておいたほうがいいですよ。

B：じゃあ、そうします。

1．ホテルを予約する／夏休みは込む／早く予約する

2．コンサートのチケットを買う／この歌手は人気がある／早く買う

3．明日のハイキングの準備をする／朝早く出る／今日準備をする

文型

3　後ですぐわかるように、中に入れた物の名前を書いておきます。

1）料理をする時は、服が汚れないようにエプロンをします。

2）（教室で）

先生：明日持って来る物を言いますから、忘れないようにメモしてください。

3）私はいつも朝すぐ学校へ行けるように、前の日に授業の準備をしておきます。

4）明日は、朝７時の新幹線に乗るから、間に合うように早めに家を出るつもりです。

5）ラフル：何を買ったんですか。

チン：本棚が倒れないようにとめる道具です。大きい地震が来ても安心ですよ。

ラフル：へえ、いい物があるんですね。

友達と話そう

- 旅行の前に何をしておきますか。
- 地震の時困らないように、何をしておきますか。

本文

3　中身を入れたまま運ぶと危ないです。

CD- 81~

（玄関で）

佐藤武：おはようございます。

良子の母：武さん、おはようございます。今日はよろしくお願いします。

良子：今日はありがとう。

武：ううん。良子さん、準備はできた？

良子：まだ少しやることがあるの。

武：引っ越し会社は何時ごろ来るの？

良子：１時よ。

武：じゃあ、急ごう。

（部屋で）

武：何から始めようか。

良子：本棚の本を
箱に入れなくちゃいけないの。
あ、たんすの中身も出したほうがいいかな？

武：そうだね。中身を入れたまま運ぶと危ないから、出したほうがいいと思うよ。

良子：わかった。じゃ、私はそれをするから、武さんは本棚の本をお願い。

武：うん。わかった。

＊

武：これで全部終わった？

良子：うん。本当にありがとう。

文型

4　中身を入れたまま運ぶと危ないです。

1）Ａ：目が赤いですね。

　　Ｂ：昨日、コンタクトレンズをしたまま寝てしまったんです。

2）Ａ：どうしたの？

　　Ｂ：ズボンのポケットにお金を入れたまま洗濯しちゃったんだ。

3）日本では、靴をはいたままうちに上がってはいけません。

※（料理教室で）

　ワン：この肉は切りますか。

　先生：いいえ。そのままフライパンに入れてください。

練習c　例のように言いましょう。

文型 4

例）Ａ：どうしたんですか。

　　Ｂ：コンタクトをしたまま寝てしまったんです。

コンタクトをする／寝る

1．エアコンをつける／寝る

2．窓を開ける／来る

3．電気をつける／来る

言葉(ことば)

CD- 84

□ かべ　壁　벽
□ みなみむき　南向き　남향
□ かぎ(が壊(こわ)れる)　열쇠(가 망가지다)
□ こちら［ここ］　이쪽[여기]
□ それでは　그러면
□ じむしょ　事務所　사무소
□ もどる　戻る　되돌아가다
□ まどガラス　窓ガラス　유리창
□ あぶない　危ない　위험하다
□ ハンカチ　손수건
□ ぬれる　젖다
□ ウエートレス　웨이트리스
□ そちら［それ］　그쪽[그것]
□ きをつける　気をつける　조심하다, 주의하다
□ ゆか　床　바닥
□ ガラス　유리
□ ひっこし　引っ越し　이사
□ ひっこしがいしゃ　引っ越し会社　이사회사
□ ガス　가스
□ すいどう　水道　수도
□ えいぎょうしょ　営業所　영업소
□ れんらく　連絡　연락
□ やくしょ　役所　관공서
□ てんしゅつとどけ　転出届　전출신고
□ てんきょとどけ　転居届　이전신고
□ でんきせいひん　電気製品　전기제품
□ ちいき　地域　지역
□ ルール　룰
□ まもる　守る　지키다
□ いち　位置　위치
□ にづくり　荷造り　짐싸기
□ だんボールばこ　段ボール箱　골판지 상자
□ ひとつ　하나
□ (ひとつ)ずつ　(하나)씩
□ しんぶんし　新聞紙　신문지
□ つつむ　包む　싸다, 포장하다
□ ひっこす　引っ越す　이사하다
□ てんにゅうとどけ　転入届　전입신고
□ うんてん めんきょしょう　運転免許証　운전면허증
□ クレジットカード　신용카드
□ じゅうしょへんこう　住所変更　주소변경
□ じゅうしょへんこう(を)する　住所変更(を)する　주소변경(을)하다
□ がいこくじん　外国人　외국인
□ ばあい　場合　경우
□ ざいりゅうカード　在留カード　재류카드
□ りょこうする　旅行する　여행하다
□ さき(に食(た)べる)　先　먼저(먹다)
□ かるい(食事(しょくじ))　軽い　가벼운(식사)
□ かいぎ　会議　회의
□ かちょう　課長　과장
□ だいかいぎしつ　大会議室　대회의실
□ だんたいりょこう　団体旅行　단체여행
□ きゅうけい　休憩　휴식
□ むこう　向こう　저쪽
□ ハイキング　하이킹
□ じゅんび(を)する　準備(を)する　준비(를)하다
□ エプロン　에이프런
□ メモする　메모하다
□ はやめ　早め　정해진 시간보다 조금 이름
□ どうぐ　道具　도구
□ じしん　地震　지진
□ (地震(じしん)が)くる　来る　(지진이)오다
□ あんしん　安心　안심
□ たんす　옷장, 장롱
□ なかみ　中身　속에 든 것
□ ポケット　주머니
□ そのまま　그대로

【いろいろな表現(ひょうげん)】

□ そうでしょう。 그렇죠?

□ どうもすみません。 정말 죄송합니다.

□ 気(き)をつけてください。 조심해 주세요.

□ それがいいね。 그게 좋겠네.

All new 개정판

Bunka

文化 日本語 3

동사・い형용사・な형용사 일람

課(か) (과)	動詞(どうし) (동사)	
	グループ1 (1그룹)	グループ2 (2그룹)
19	預(あず)かる 試着(しちゃく)なさる[試着(しちゃく)する] (迷子(まいご)に) なる 曲(ま)がる 迎(むか)えにいらっしゃる[迎(むか)えに行(い)く] やる 割(わ)る かぶる なくす (ズボンを) はく 見(み)つかる 汚(よご)す	(めがねを) かける 着(き)る 見(み)かける
20	編(あ)む (メールを) 打(う)つ 通(かよ)う (勉強(べんきょう)が) 進(すす)む 間(ま)に合(あ)う (自信(じしん)が) ある 踊(おど)る がんばる (学生証(がくせいしょう)を) 出(だ)す 迷(まよ)う	受(う)ける (問題(もんだい)が) 出(で)る
21	(うちに) 上(あ)がる 飾(かざ)る (そうじが) 済(す)む (トマトを) 作(つく)る (夏休(なつやす)みに) なる 運(はこ)ぶ ふく 洗(あら)う 気(き)に入(い)る (お)世話(せわ)になる (ホテルに) 泊(と)まる 脱(ぬ)ぐ 払(はら)う 召(め)し上(あ)がる[食(た)べる]	片付(かたづ)ける そろえる (思(おも)い出(で)が) できる (用意(ようい)が) できる (お風呂(ふろ)を) 出(で)る (ホッチキスで) とめる (トマトが) とれる
22	(習(なら)い) たがる 引(ひ)く やむ 似合(にあ)う ほしがる	あげる (ボタンが) 取(と)れる 増(ふ)える
23	伺(うかが)う[聞(き)く] (技術(ぎじゅつ)が) 進(すす)む 減(へ)る (お金(かね)が) かかる 楽(たの)しむ 持(も)ち運(はこ)ぶ	売(う)れる 考(かんが)える 並(なら)べる

		形容詞(けいようし) (형용사)	
グループ3 (3그룹)		い形容詞(けいようし) (い형용사)	な形容詞(けいようし) (な형용사)
(これに) する (イヤリングを) する 放送(ほうそう)する	(けがを) する ねぼうする 迎(むか)えに来(く)る	(エアコンが) 弱(よわ)い	
受験(じゅけん)する 進学(しんがく)する 貯金(ちょきん)する もらって来(く)る	出席(しゅっせき)する 退学(たいがく)する 手続(てつづ)き(を)する 練習(れんしゅう)(を)する	辛(から)い すっぱい	必要(ひつよう)
あいさつ(を)する 手伝(てつだ)い(を)する	コピーする	申(もう)し訳(わけ)ない (顔色(かおいろ)が) 悪(わる)い	積極的(せっきょくてき) 苦手(にがて) 下手(へた) 無理(むり) (に食(た)べる)
買(か)って来(く)る	プレゼントする	暖(あたた)かい うれしい 重(おも)い すごい (雨(あめ)) 涼(すず)しい (薬(くすり)が) 強(つよ)い 眠(ねむ)い ほしい (目(め)が) 悪(わる)い	大切(たいせつ)
生活(せいかつ)する 保存(ほぞん)する	普及(ふきゅう)する 利用(りよう)する	優(やさ)しい	最高(さいこう) 文化的(ぶんかてき)

課（과）	動詞（동사）		
	グループ1（1그룹）		グループ2（2그룹）
24	（アルバイトが）ある 困る	おろす	くれる 壊れる
25	開く 動かす 起こす 消す 閉まる 出す （水が）とまる 回る	伺う［行く］ 動く （りんごを）落とす 壊す 倒す （電気が）つく 回す	（お風呂に）入れる 消える 切れる 倒れる （電気を）つける （ジュースが）出る （音が）出る （車に）乗せる 汚れる 割れる
26	包む 守る	引っ越す 戻る	気をつける ぬれる

		形容詞(형용사)	
	グループ3(3그룹)	い形容詞(い형용사)	な形容詞(な형용사)
	ボウリング(を)する		
	確認する　故障する		
	(地震が)来る　住所変更(を)する 準備(を)する　メモする 旅行する	危ない 軽い	安心

형태가 비슷한 자동사와 타동사

自動詞(じどうし)	他動詞(たどうし)	自動詞(じどうし)	他動詞(たどうし)
合(あ)う	合(あ)わせる	出(で)る	出(だ)す
上(あ)がる	上(あ)げる	泊(と)まる	泊(と)める
開(あ)く	開(あ)ける	止(と)まる	止(と)める
集(あつ)まる	集(あつ)める	取(と)れる	取(と)る
動(うご)く	動(うご)かす	治(なお)る	治(なお)す
起(お)きる	起(お)こす	なくなる	なくす
落(お)ちる	落(お)とす	鳴(な)る	鳴(な)らす
降(お)りる	降(お)ろす	煮(に)える	煮(に)る
終(お)わる	終(お)える／終(お)わる	乗(の)る	乗(の)せる
かかる	かける	入(はい)る	入(い)れる
片(かた)付(づ)く	片(かた)付(づ)ける	始(はじ)まる	始(はじ)める
消(き)える	消(け)す	冷(ひ)える	冷(ひ)やす
決(き)まる	決(き)める	増(ふ)える	増(ふ)やす
切(き)れる	切(き)る	減(へ)る	減(へ)らす
壊(こわ)れる	壊(こわ)す	回(まわ)る	回(まわ)す
閉(し)まる	閉(し)める	見(み)つかる	見(み)つける
倒(たお)れる	倒(たお)す	汚(よご)れる	汚(よご)す
つく	つける	割(わ)れる	割(わ)る

조수사표 기간

	～時間(じかん)	～日(にち)(間)(かん)	～週間(しゅうかん)	～か月(げつ)	～年(ねん)
1	いちじかん	いちにち	いっしゅうかん	いっかげつ	いちねん
2	にじかん	ふつか(かん)	にしゅうかん	にかげつ	にねん
3	さんじかん	みっか(かん)	さんしゅうかん	さんかげつ	さんねん
4	よじかん	よっか(かん)	よんしゅうかん	よんかげつ	よねん
5	ごじかん	いつか(かん)	ごしゅうかん	ごかげつ	ごねん
6	ろくじかん	むいか(かん)	ろくしゅうかん	ろっかげつ はんとし	ろくねん
7	しちじかん ななじかん	なのか(かん)	ななしゅうかん	ななかげつ	しちねん ななねん
8	はちじかん	ようか(かん)	はっしゅうかん	はちかげつ	はちねん
9	くじかん	ここのか(かん)	きゅうしゅうかん	きゅうかげつ	きゅうねん
10	じゅうじかん	とおか(かん)	じっしゅうかん じゅっしゅうかん	じっかげつ じゅっかげつ	じゅうねん
?	なんじかん	なんにち(かん)	なんしゅうかん	なんかげつ	なんねん

いっかげつ＝**ひとつき**
にかげつ＝**ふたつき**

조수사표 그 외 조수사①

	a. 月(がつ)	b. 時(じ)	c. 番(ばん)	d. 円(えん)	e. キロ	f. 歳(さい)
1	いちがつ	いちじ	いちばん	いちえん	いちキロ	いっさい
2	にがつ	にじ	にばん	にえん	にキロ	にさい
3	さんがつ	さんじ	さんばん	さんえん	さんキロ	さんさい
4	しがつ	よじ	よんばん	よえん	よんキロ	よんさい
5	ごがつ	ごじ	ごばん	ごえん	ごキロ	ごさい
6	ろくがつ	ろくじ	ろくばん	ろくえん	ろっキロ	ろくさい
7	しちがつ	しちじ	ななばん	ななえん	しちキロ ななキロ	ななさい
8	はちがつ	はちじ	はちばん	はちえん	はちキロ	はっさい
9	くがつ	くじ	きゅうばん	きゅうえん	きゅうキロ	きゅうさい
10	じゅうがつ	じゅうじ	じゅうばん	じゅうえん	じっキロ じゅっキロ	じっさい じゅっさい
?	なんがつ	なんじ	なんばん	なんえん	なんキロ	なんさい
그 외 조수사		時間目(じかんめ)	号(ごう) 畳(じょう) 枚(まい) 度(ど) 名(めい) 便(びん) 錠(じょう) グラム（g） メートル（m） ミリ（mm）		組(くみ) パーセント（%） シーシー（cc） キロ（km）	種類(しゅるい) 冊(さつ) センチ（cm） ページ
주의					6(ろく)パーセント 6(ろく)シーシー	20歳(はたち)

조수사표 그 외 조수사②

	g. 回(かい)	h. 分(ふん)	i. 本(ほん)	j. 個(こ)	つ	k. 人(にん)
1	いっかい	いっぷん	いっぽん	いっこ	ひとつ	ひとり
2	にかい	にふん	にほん	にこ	ふたつ	ふたり
3	さんかい	さんぷん	さんぼん	さんこ	みっつ	さんにん
4	よんかい	よんぷん	よんほん	よんこ	よっつ	よにん
5	ごかい	ごふん	ごほん	ごこ	いつつ	ごにん
6	ろっかい	ろっぷん	ろっぽん	ろっこ	むっつ	ろくにん
7	ななかい	ななふん	ななほん	ななこ	ななつ	しちにん ななにん
8	はっかい	はっぷん	はっぽん	はっこ	やっつ	はちにん
9	きゅうかい	きゅうふん	きゅうほん	きゅうこ	ここのつ	きゅうにん
10	じっかい じゅっかい	じっぷん じゅっぷん	じっぽん じゅっぽん	じっこ じゅっこ	とお	じゅうにん
?	なんかい	なんぷん	なんぼん	なんこ	いくつ	なんにん
그 외 조수사	階(かい) 校(こう)	泊(はく)				
주의	3階(さんがい)					

문형 일람

L：課

L19	1	（このジーパンを）はいてみます。
	2	少し短くしてください。
	3	子供がいなくなってしまいました。
	4	私が試着している間、ここで待っていてください。 私が試着している間に、いなくなってしまったんです。
	5	赤いTシャツを着ています。
	6	ここをまっすぐ行くと、エスカレーターがございます。
L20	1	経営学の勉強をしようと思っています。
	2	東都大学を受けるつもりです。
	3	観光の勉強をするために、専門学校に行きます。
	4	進学説明会に行けば、いろいろな学校の先生と話せます。
	5	A：良子さんの電話番号を知っていますか。 B：はい、知っています。 　　いいえ、知りません。
	6	ふじ観光専門学校という学校を知っていますか。
	7	実技試験を受けなくてはいけません。
	8	どんな問題が出たかわかりません。 面接試験があるかどうかわかりません。
L21	1	ホストファミリーに会ったら、笑顔であいさつをしましょう。
	2	靴を脱がないでうちに上がってはいけません。
	3	家族と積極的に話したほうがいいです。
	4	嫌いな物は無理に食べなくてもいいです。
	5	これは、お父さんが作ったトマトです。
	6	少ししかとれません。

L22	1	涼(すず)しそうです。　涼(すず)しくなさそうです。 簡単(かんたん)そうです。　簡単(かんたん)じゃなさそうです。／ではなさそうです。
	2	雨(あめ)が降(ふ)りそうです。
	3	前(まえ)からあんなのが ほしいと思(おも)っていたんです。
	4	私(わたし)はワンさんにプレゼントをあげます。
	5	私(わたし)は友達(ともだち)にコーヒーカップをもらいました。
	6	ワンさんはネックレスを ほしがっていました。 ワンさんは生(い)け花(ばな)を習(なら)いたがっていました。
	7	買(か)ったんじゃなくて、もらったんです。
L23	1	電子書籍(でんししょせき)が増(ふ)えてきました。
	2	たくさんの人(ひと)が電子書籍(でんししょせき)を読(よ)むようになりました。
	3	前(まえ)はよく紙(かみ)の本(ほん)を読(よ)みましたが、最近(さいきん)は読(よ)まなくなりました。
	4	紙(かみ)の本(ほん)は、デザインがきれいだし、大(おお)きさもいろいろあるし、見(み)るのが楽(たの)しいです。
L24	1	親(した)しい友達(ともだち)との会話(かいわ)　1
	2	親(した)しい友達(ともだち)との会話(かいわ)　2
	3	親(した)しい友達(ともだち)との会話(かいわ)　3
	4	友達(ともだち)が（私(わたし)に）映画(えいが)の招待券(しょうたいけん)をくれました。
	5	行(い)きたいけど、土曜日(どようび)はアルバイトがあるの。
L25		自動詞(じどうし)と他動詞(たどうし)
	1	（ボタンを）押(お)しても出(で)ないんです。
L26	1	壁(かべ)が汚(よご)れています。
	2	郵便局(ゆうびんきょく)に転居届(てんきょとどけ)を出(だ)しておきます。
	3	後(あと)ですぐわかるように、中(なか)に入(い)れた物(もの)の名前(なまえ)を書(か)いておきます。
	4	中身(なかみ)を入(い)れたまま運(はこ)ぶと危(あぶ)ないです。

50음 색인

ち

つ

て

と

な

に

第19課 練習g 청해 원고

CD-11~

例）A：すみません、交番はどこですか。

B：ここをまっすぐ行くと、左側にあります。

A：左側ですね。ありがとうございました。

1．A：すみません、文化銀行はどこですか。

B：ここをまっすぐ行くと、左側に交番があります。
交番の所を左に曲がると、左側にデパートがあります。

A：左に曲がるんですね。

B：はい、左に曲がってください。少し行くと、左側にデパートがあります。
そのデパートの隣ですよ。

A：ありがとうございました。

2．A：すみません、この辺に本屋はありますか。

B：ここをまっすぐ行くと、右側に郵便局があります。そこを右に曲がって、
まっすぐ行くと、左側にあります。

A：左側ですね。ありがとうございました。

3．A：すみません、レストランすみれはどこですか。

B：レストランすみれ？　ああ。
ええと…。ここを右にまっすぐ行くと、左側に図書館があります。

A：え、ここを左に行くんですか。

B：いいえ。右です。

A：ああ、右に行くと図書館があるんですね。

B：そうです。図書館の所を左に曲がると、突き当たりにありますよ。

A：突き当たりですね。ありがとうございました。

All new 개정판

Bunka 文化 日本語 3

초판발행	2013년 12월 13일
1 판 6쇄	2022년 3월 25일
저자	文化外国語専門学校 日本語科
책임 편집	조은형, 무라야마 토시오, 박현숙, 김성은, 손영은
펴낸이	엄태상
콘텐츠 제작	김선웅, 김현이, 유일환
마케팅	이승욱, 왕성석, 노원준, 조인선, 조성민
경영기획	마정인, 조성근, 최성훈, 김다미, 오희연
물류	정종진, 윤덕현, 양희은, 신승진
펴낸곳	시사일본어사(시사북스)
주소	서울시 종로구 자하문로 300 시사빌딩
주문 및 교재 문의	1588-1582
팩스	0502-989-9592
홈페이지	www.sisabooks.com
이메일	book_japanese@sisadream.com
등록일자	1977년 12월 24일
등록번호	제 300-1977-31호

ISBN 978-89-402-9131-3 18730
978-89-402-9128-3 18730(set)